老板要懂的

财务管控知识

蒋　波◎编著

中国铁道出版社有限公司

CHINA RAILWAY PUBLISHING HOUSE CO., LTD.

内 容 简 介

　　本书是一本关于企业老板和管理者如何做好财务管控的工具书，全书共10章，分别从引领企业如何做好财务工作、做好财务管理、掌控财务结构、进行财务预算、做出财务决策、做好成本控制、管好流动资金、了解经营状况、做好内部控制以及税务工作等方面，概括领导者和管理者需要掌握的财务管控知识，全方位帮助读者站在财务管理高度实施财务管控。

　　本书主要针对企业老板和管理者这一群体进行内容编写。同时，对于想要向管理者晋升的相关人士也有一定的辅助学习作用。另外，本书也可作为相关培训机构的教材使用。

图书在版编目（CIP）数据

老板要懂的财务管控知识/蒋波编著.—北京：中国铁道出版社
有限公司，2020.3
ISBN 978-7-113-26504-5

Ⅰ.①老… Ⅱ.①蒋… Ⅲ.①企业管理—财务管理 Ⅳ.①F275

中国版本图书馆CIP数据核字（2019）第276643号

书　　名：**老板要懂的财务管控知识**
作　　者：蒋　波

责任编辑：张亚慧　　　　　读者热线电话：010-63560056
责任印制：赵星辰　　　　　封面设计：宿　萌

出版发行：中国铁道出版社有限公司（100054，北京市西城区右安门西街8号）
印　　刷：三河市航远印刷有限公司
版　　次：2020年3月第1版　2020年3月第1次印刷
开　　本：700 mm×1 000 mm　1/16　印张：15.75　字数：227千
书　　号：ISBN 978-7-113-26504-5
定　　价：55.00元

前言

PREFACE

作为一家企业的老板或管理者，是不是很多时候会有这样一些困惑：

我不懂财务，会不会影响公司的良性发展？

我也想学习财务知识，但这不是我的专业，从何入手呢？

我需要像专业的财会人员一样，掌握所有的财会知识吗？

我能从哪些地方或资料中了解公司的经营现状？

企业的经营成本太高了，我要如何控制成本？

企业的产品总是出现滞销现象，本金回笼较慢，我要如何做才能加快资金周转速度？

公司是否存在税务风险？我要怎样才能分析和判断？

公司经济实力不够强大，我需要做些什么来防范经营风险，使企业处于相对稳定的发展环境中呢？

……

诸如此类疑问，经常给一些企业老板或管理者带来困扰，鉴于此，我们编写了本书，旨在为企业的领导者和管理者提供一些管理思路和启发，帮助他们更好地进行企业财务管控工作，维护好企业发展的"命脉"。本书具体内容如下。

章 节	内容
第 1 章	主要介绍企业老板和管理者与财务之间的关系以及在财务工作中担当的角色和需要遵循的财务原则等
第 2 ~ 3 章	主要讲解什么是财务管理和财务结构，以及财务管理对象、模式、体系和信息化，财务结构中的资本结构决策方法、股权结构和资产结构的优化等
第 4 ~ 10 章	本部分主要从财务预算、财务决策、成本控制、流动资金管理、经营状况、内部控制和税务等方面介绍企业领导者和管理者需要掌握的方方面面的财务管控知识，掌握企业的具体经营情况和管控方法

本书特点如下。

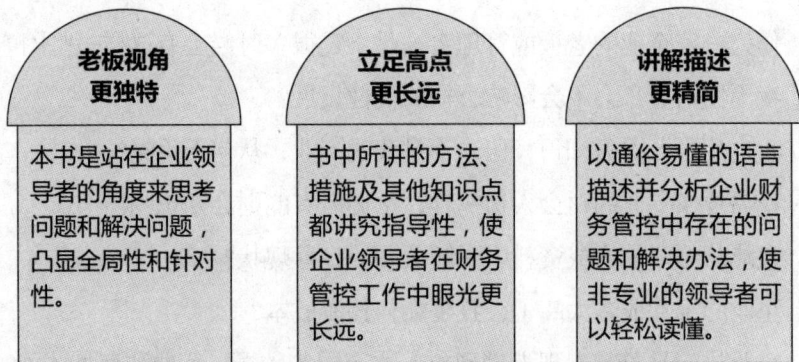

老板视角更独特	立足高点更长远	讲解描述更精简
本书是站在企业领导者的角度来思考问题和解决问题，凸显全局性和针对性。	书中所讲的方法、措施及其他知识点都讲究指导性，使企业领导者在财务管控工作中眼光更长远。	以通俗易懂的语言描述并分析企业财务管控中存在的问题和解决办法，使非专业的领导者可以轻松读懂。

本书读者群可以是企业的领导者和管理者，也可以是正准备晋升为管理者的相关人士，还可以是社会中对企业管理和财务管理感兴趣的公众，本书还可作为相关培训机构的教材用书。

本书编者经验有限，若内容有不当之处，希望得到读者的批评、指正。

编者

2019 年 12 月

目录

C O N T E N T S

第 1 章

企业发展要靠老板导航

在企业的管理过程中，老板不能单纯地把财务当成是记账，更不能把财务大权完全交给下属，否则会给企业埋下经济隐患，不利于企业的长期发展。老板作为企业发展的导航者，在对财务的管控上，要做到适当放权、严格监督。而要真正做到这些，首先就需要老板懂一些基本的、全局性的财务知识。

财务是老板绕不开的课题

一家企业，在整个生产经营过程中会涉及各个方面的经济关系，同时还会涉及全方位的资金活动。而财务，泛指财务活动和财务关系。因此，老板想要看清整个企业的经营状况，财务就是一双非常合适的"眼睛"。

1. 老板筹资要懂财务

对企业和老板来说，初创期需要筹资，用于设立公司；发展期需要筹资，用于保障和稳定生产经营情况；成熟期需要筹资，用于扩大经营规模；衰退期更需要筹资，以期挽回衰退局势，重新在市场中站稳脚跟。

但是，要如何筹资？筹资渠道有哪些？筹集多少资金才能设立一家公司？发展期要怎样根据经营需要筹集资金？成熟期如何将筹集的资金用来投资，进而扩大企业的规模？衰退期如何才能让投资者愿意投资，进而筹到所需资金？这些都是一家企业的老板需要考虑的财务问题。

比如，企业初创期，财务方面要考虑投资者投入多少资金？向银行借款多少是可以保证在规定时间内偿还的？

【案例分析】——公司设立时资金来源的考量

2019 年 9 月，A、B、C 这 3 人决定合伙投资组建一家公司，3 人共出资 200 万元。从财务上来说，这 200 万元全部确认为实收资本。这些资金可用来采购生产所需的原材料及各种辅料，还可用于发放员工工资。除此之外，如果企业觉得资金不够充裕，还可向银行申请贷款，此时贷款就有讲究。

假设该公司在获取 200 万元实收资本的同时就向银行申请贷款，根据"资产负债率＝负债总额 ÷ 资产总额 ×100%"和"资产＝负债＋所有者权益"这两个公式，设银行借款为 X 元，表现为企业的负债，则资

产负债率 =X÷（X+200）×100%。当资产负债率 =50% 时，说明负债和实收资本数额相等，即 X=200 万元；当资产负债率 < 50% 时，X < 200 万元，即负债数额低于实收资本数额；当资产负债率 > 50% 时，X > 200 万元，即负债数额高于实收资本数额。为了保证债权人的权益，资产负债率一般不高于 50%。

所以，该公司若在设立之初向银行借款，所借金额最好不超过 200 万元。这就是老板在初创期筹集资本的考虑结果。

发展期、成熟期和衰退期等阶段均可采用向银行借款的方式筹资，只是每个阶段借款的目的有所不同，想要达到的效果也会不同。这些都会影响老板最终敲定的筹资数额。比如，发展期如何筹资才能既满足原材料采购、产品生产，又不至于发生资金闲置或产品滞销和积压库存，通俗一点讲，就是老板要考虑资金的使用效率。又比如，成熟期如何筹资才能刚好满足企业对外投资的要求，既能充分利用本企业资金，又能将投资风险从企业本身转移一部分出去？再比如，衰退期如何筹资才能保证企业能够挽回颓势，同时又不能给企业带来太重的偿债负担？

2. 老板经营要懂财务

企业的经营是一个复杂的过程，其中涉及很多财务问题。例如，如何控制生产经营成本？如何提高资金的使用效率？如何合理配置企业的财务岗位？如何管控财会人员的工作和行为？如何恰到好处地将财务的权利下放给下属？如何将企业的资本结构维持在相对平衡的状态？如何制定往来款项的催收和支付制度，使企业发生坏账的应收账款保持在合理范围内，同时使企业能及时偿还应付账款，维护企业声誉？那么，针对这些问题，在财务方面，老板要考虑的问题有哪些呢？如表 1-1 所示。

表 1-1　经营中老板避不开的财务问题

问题	财务解读
如何控制生产经营成本	老板要综合考量企业生产过程中可能涉及的成本，如原材料和固定资产的采购、办公用品的置办及员工工资的发放等

续表

问题	财务解读
如何提高资金的使用效率	老板要知道"最佳订货量"的存在，要知道其由来，进而督促采购部门和生产部门严格按照最佳订货量进行采购，防止资金过多地用在原材料上而影响其他业务对资金的正常需求
如何合理地配置企业的财务岗位	在配置企业财务岗位时，老板要考虑到岗位之间的衔接性和不重复性，这就要求老板必须对财务工作有一个大概且连贯的认识，使得设置的岗位既可分工协作，又能尽可能地减少重复工作，减少出错的可能，同时也简化工作流程，提高工作效率
如何管控财会人员的工作和行为	财会人员掌握着企业的经济数据，对企业的资产、资金和负债等情况最为熟悉，这些对于外界来说算得上机密。因此，老板免不了要考量财会人员的管理方案，如对财会人员的监管制度是松是紧？如何提高财会人员的归属感，使他们积极应对财会工作？如何从财会人员手中得知最精准的经济信息？如何通过财务工作绩效来判断财会人员的财务行为等
如何恰到好处地下放财务权利	财务上体现的企业经营信息，在一定程度上是需要对外保密的，因其涉及企业的资金问题，所以老板在财务方面进行的管理要格外小心、谨慎，既不能授予下属太高的财务控制权，又不能吝啬于放权而事事亲力亲为。由此可见，老板要从财务工作的重要程度出发，考量哪些权利可以下放给下属，哪些财务工作需要通过自己审核才算有效
如何维持资本结构相对平衡	经营一家企业并不是一件容易的事，只有资本结构相对平衡，企业才能顺利、正常地持续经营，否则企业很可能出现各种财务危机，最终走向破产或解散的命运。因此，老板需要了解资产、负债和所有权之间的关系，知道这三者之间的比例保持在怎样的范围内才算是资本结构相对平衡，同时还要了解哪些原因会影响三者之间的平衡关系，进而采取积极措施消除这些原因
如何制定往来款项的催收和支付制度	企业的应收、应付款分别属于资产和负债，如果应收账款太多，可能导致收不回来的款项增多，增加企业不必要的经济损失；如果应付账款太多，会影响企业在债权人心中的形象，不利于企业的发展。因此，老板不得不考量往来款项的催收和支付制度，减少坏账损失，及时还款，提升企业的形象。这其中老板需要了解什么是信用期限，即允许债务人交付货款的最长时间，或者承诺债权人支付货款的最迟日期等，进而制定符合企业经营需要的信用期限，减轻资金周转压力

3. 老板投资要懂财务

一家企业,要想光靠生产、销售的利润就能扩大规模,无疑比较困难。通常,在扩大规模的路上少不了投资。虽然投资有收益,但也伴随着较高的风险。因此,老板不能盲目做出投资决策,必须要考量一些财务问题。

比如,财务管理人员上报的投资方案的投资回报率是否能帮助企业获得可观收益,风险是否在企业可承受范围内?是否需要确定一个主要的投资方向,保证企业的投资收益处于稳定水平?目前市场上哪些行业、产品或服务等适合投资?要想更好地管控这些投资事务,老板免不了要了解如表1-2所示的一些财务知识。

表1-2　投资活动中老板要懂的财务知识

知识	财务解读
投资回报率	顾名思义,就是投资后应收回的价值,它是企业的一个获利目标,最终的实际回报率可能达不到预期投资回报率
投资收益率	又称投资利润率,指投资后实际获取的净利润与投资总额的比率,它是企业的一个获利结果
投资回收期	指收回投资本金所需的期限,通俗理解,就是回本所需的时间
净现值	指投资项目所获报酬的净现金流量,减去初始投资成本后的余额
获利指数	指投资项目所获报酬的总现值与初始投资额的现值之比

上表中所示的财务知识,都是企业老板在做出具体的投资决策前需要综合考量的问题,无法避免。一旦越过这些因素,投资决策很可能会出错,导致企业不仅无法通过投资来扩大规模,反而会使投资活动成为企业发展的拖累和包袱。由此可见,投资活动中,老板也免不了要接触财务。

除上表所示的财务知识,老板在投资活动中还需要考量是否可以进行组合投资?若进行组合投资,重点应放在什么类型的项目上?投资支出大概应占全部资金的比重等,方方面面都体现出老板必须得懂财务知识。

老板不懂财务的后果

从上一节的内容可以看出，财务是老板绕不开的课题，筹资、经营和投资等各方面经济活动都要求老板必须要懂得一些财务知识。相对地，如果老板不懂财务，会给企业带来什么问题呢？

1. 没有财务观念会怎样

老板不懂财务的第一个突出表现就是没有财务观念。观念是指某人对事物的主观和客观认识的系统化集合，即思想意识。所以财务观念就是人对"财务"这一概念的思想认识。没有财务观念的老板，不知道货币有时间价值，不懂什么是通货膨胀，不懂什么是"收支两条线"，不明白什么是坐支现金和为什么不能坐支现金？如果老板不懂这些财务概念，将会给企业带来哪些问题呢？如表1-3所示。

表1-3 老板没有财务观念会带来的问题

不懂的财务	带来的问题
不知道货币有时间价值	1. 目光短浅，只顾眼前利益，认为少支出就是在为企业省钱，却不知在购买力逐渐下降的未来，需付出更多的代价才能获得相同的利益； 2. 见解短浅，以为将全部资金投入到生产、销售中，就可最大限度地获取利润，却不知划出一部分资金用于投资，可获取更高的投资收益； 3. 决策不精准，以为用各种数据计算得出的筹资方案和投资方案就是准确的指标，却不知其中的货币时间价值会明显地影响计算结果，使得老板根据方案作出的决策并不十分准确等
不懂什么是通货膨胀	忽视货币的购买力，以为延后支出就是在节约成本，却不知延后支出时货币的购买力下降，需要支付更多货币才能获得相应的产品、服务或劳务

续表

不懂的财务	带来的问题
不懂"收支两条线"	1. 无法对企业范围内的现金进行集中管理，难以做好资金的周转工作，会降低资金的使用效率； 2. 无法规范企业的资金流向、流量和流程等情况； 3. 容易发生坐支现金的现象等
不明白什么是坐支现金和为什么不能坐支现金	1. 无法看出包括出纳人员在内的财会人员在款项收支中可能使用的不正当手段； 2. 无法真正了解自身企业的实际经营收入和实际经营成本等的情况，无法准确判定企业的盈亏； 3. 无法防止企业陷入不必要的经济纠纷等

2. 没有适当的财务技能会怎样

财务上的原始凭证、记账凭证、会计账簿和会计报表等，记录的都是专业的财务数据，尤其是会计报表，其记录的数据是经过多次加工、整理形成的，只有懂财会的人才能看懂。

不懂审核。当财会人员提交相关凭证，请求老板审核时，若老板不懂什么样的凭证该怎么审核，则很可能导致凭证操作违规，甚至无效，引起不必要的经济纠纷。

不懂看报表。当财会人员递交财会报表给老板时，若老板不懂如何看报表，不知道重点关注哪些数据，不懂什么样的数据是不正常的，不明白相关数据的结果是如何得来的，甚至不知道哪些数据体现了企业的资产情况，哪些数据体现了负债情况，哪些数据体现了企业的所有者权益情况，也就无法检查财会报表是否正确反映了企业的财务状况、经营成果和现金流量，更无法切实监控财会人员的财务行为。

不懂做预算。当老板要实施成本控制计划时，若不懂各种成本费用如何预算，不知道如何确定预算目标与实际情况之间的正常差异范围，就可能无法正确引导全公司进行全面预算，导致成本、费用支出不合理，企业经营负担越来越重。

不懂定目标。企业的发展离不开目标的制定，合理的目标才能促使企业顺利发展，如果老板不懂要从哪些方面制定哪些目标，不知道相应的目标定在什么范围是合理的，不会分析目标与实际的差异是如何而来的，就会使制定的目标不能发挥作用，或者目标不切实际，让企业在发展过程中失去了重要的"导航灯"。

【案例分析】——老板看不懂财会报表就认不清企业现状

某家规模不大的公司，在 2019 年 9 月 2 日时，财务部门向老板递交了 8 月的财会报表，包括资产负债表、利润表、现金流量表和所有者权益变动表。其中，资产总计为 1 786 423 元，负债合计为 900 100.3 元，所有者权益合计为 886 314.7 元，当月净利润为 87 439.6 元，经营活动现金流量净额为 −44 528.62 元，投资活动现金流量净额为 63 541.76 元，筹资活动现金流量净额为 82 972.61 元。

解析：判断资产负债表是否正确，首先要看计算结果是否符合"资产 = 负债 + 所有者权益"，显然，该公司 8 月资产 1 786 423 ≠ 900 100.3+ 886 314.7，如果老板不懂这一会计恒等式，连最简单的报表错误都没办法发现。如果负债合计为 900 108.3，符合会计恒等式，则看总负债与总资产的比值为 50.39%（900 108.3÷1 786 423），高于 50%，若老板无法看到这一指标结果，就无法知道公司在偿债方面存在一定的压力。

接着，从净利润和经营活动现金流量净额来看，说明公司 8 月实现了利润。但经营活动现金流量净额为负，可推测出实现的净利润中有很大一部分款项没有真正收回公司，而是以应收账款形式存在，如果老板没有看到这一点，就很可能单纯地以为企业的经营状况良好。而实际上经营活动现金流量净额为负，说明企业的收入结构不合理，再加上筹资活动现金流量净额为正，且高于投资活动现金流量净额，说明企业 8 月又借入了资金，这样会进一步加剧企业的偿债负担，很可能使企业面临资金周转不灵，甚至生产活动被迫停止的局面。老板看不到这些报表数据背后的"真相"，就很可能做出错误的决策，导致企业很难继续前行。

由此可见，老板没有掌握相关的财务技能，就无法精准地把握公司当前概况，也就无法做出合理、有效且准确的经营决策。

3. 没有准确的财务管理手段会怎样

财务管理是企业管理的一部分，是一项组织企业财务活动、处理财务关系的经济管理工作。由此看来，它不仅是财务部门的事情，更需要老板的配合。

如果老板不懂如何统领财会人员，不懂如何分配财会岗位之间的工作，不懂如何更好地监控企业的财务活动，不懂如何协调财会人员之间的工作关系，甚至不懂企业真正需要什么样的财会人员，则可能无法在财会人员心中树立威信，也无法合理安排会计岗位的工作，甚至无法为财会人员营造良好的工作氛围，也就更无法通过会计记录实时、有效地监控企业发生的财务活动，严重时还会使企业的经济活动脱离掌控。

小贴士 *老板要如何让自己懂财务*

首先，老板要积极走入财务工作中去，培养自己的财务观念，与财会人员进行深入沟通，了解他们的日常工作内容。

其次，老板要全面征求财会人员对工作的意见或建议，从中找出合理配置财务岗位的方法，进而协调各岗位人员的工作和关系。

再次，老板要舍得在自我的财务学习上花时间和成本，不仅要自己不断摸索，还需要与本企业的财会人员进行及时交流，虚心地向他们请教财务知识，这样才能真正了解本企业的实际经营情况和财务管理需求，进而做出与企业财务管理相契合的财务决策。

再其次，重点要学习如何站在管理者的角度掌握财务知识，老板是企业发展的领航员，因此在财务管理工作中，老板也无须事事亲力亲为，而应学会如何适当放权。比如，要学习如何把控好财务工作的最后一关，发现一切可能出现的财务问题。

最后，老板要以平常心对待企业可能发生的财务风险，要认识到财务风险无处不在，同时要了解发生财务风险时应采取怎样的有效措施，锻炼自己的心理承受能力，保证能以领导者的态度稳住财会人员慌乱的心。

财务在企业中的作用

虽然知道了财务是老板绕不开的话题，也知道了老板不懂财务会给企业带来的问题，但还是会有人问："为什么老板要懂财务呢？"这就不得不说一说财务在企业经营过程中的作用了。

财务在企业中的作用主要通过其职能表现出来，大致分为 4 个基本职能，而财务在发挥这 4 个基本职能的同时，也反映出了企业经营资金的来龙去脉，如图 1-1 所示。

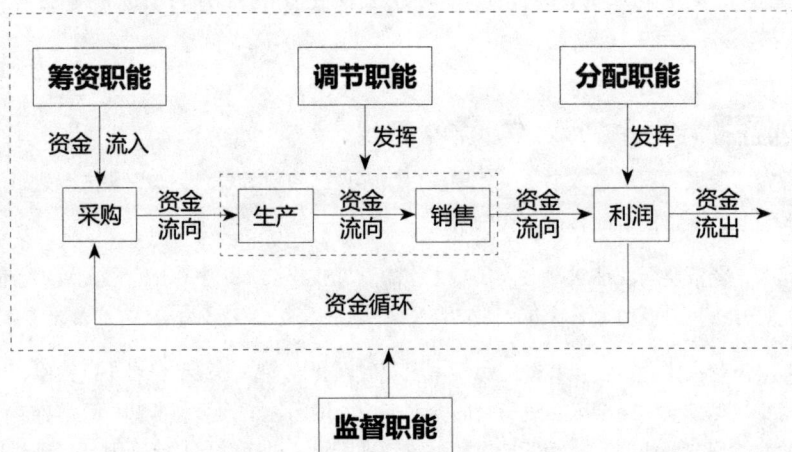

图 1-1 财务的四大职能

◆ 筹资职能

企业的设立、生产经营等经济活动都需要资金，而筹集资金的过程属于财务管理工作的一部分，因此，财务具有筹资职能。

◆ 调节职能

企业筹集的资金通常用于采购生产用的原材料、机器设备和其他一些所需物品，接着将这些货物投放到生产环节，完成产品的生产任务，相应地，资金就从采购环节流向生产环节。因为生产环节复杂多变，资金的流向也非常复杂，在这一过程中，为了合理控制成本、费用等开支，就需要企业通过财务手段调节成本、费用在各产品、各环节中的比重，使得企业的边际效益更高。从中可以看出，财务具有调节职能。

◆　分配职能

企业生产过程中，实际上有很多费用无法准确地核算到某一个产品或某一类产品上，因此，为了更精确地核算产品的生产成本，就需要通过财务核算方法将这些笼统的费用按合理的比例分配到各产品中去。这样就发挥了财务的分配职能。

除此之外，财务的分配职能还体现在利润分配上。当企业通过经营管理活动获得一定的利润时，就需要对这些利润进行合理的分配，比如，要先按相关制度的规定，提取法定盈余公积，然后才能向投资者或者股东分配利润或股利。而且当企业有以前年度亏损时，当期所得的利润还需先弥补亏损，之后再提取法定盈余公积，最后再做其他分配。

◆　监督职能

企业财务工作包括凭证管理、账簿管理、报表管理和其他资料管理等，具体涉及凭证的取得、填制、审核、传递和保管，账簿的登记、核对、装订和保管，报表的编制、分析与保管，以及其他资料的整理和保存。这些会计资料记录了企业发生的所有经济活动的概况和细节，换个角度来看，也是用纸质文档监督实际工作的体现。

通过实施财务工作，形成这些会计资料，以备日后查账，过程中涉及的资料审核，就是一种典型的监督经济活动的行为。而无论是筹资时收到的收款通知，还是采购时收到的增值税法发票，又或者是生产时形成的出库单、领料单，还有整个经营过程中填制的各种记账凭证等，都需要经过审核才能传递到下一环节。由此可见，财务的监督职能贯穿经营管理活动的始终，无处不在，无处不需。

除了这些财务职能外，财务在管理角度还发挥着财务预测、财务决策、财务计划、财务控制和财务分析等作用。简单来说，就是通过财务进行各种经营情况的预测，进而做出经营决策，制订经营计划，对经营活动实施控制，最后对经营状况和成果进行分析。

目标数字化实现
企业战略到财务战略的转化

财务战略是企业战略的一个组成部分，它主要涉及企业资金的均衡管理，并对流动资金进行全局性、长期性和创造性的筹划，增强企业的财务竞争优势。企业战略是企业的整体性规划，主要包括营销战略、发展战略、品牌战略、融资战略、人才开发战略和资源开发战略等。

目标数据化，顾名思义，就是将目标以数字的形式表现出来，而不是文字性的口号。因为财务工作就是将所有经济活动转化为财务数据，所以将企业战略中涉及财务目标的部分，以具体、形象的数据展示出来，形成具体的财务战略。

目标具有导向性，因此财务战略目标就需要老板给出，下属才能遵照目标执行具体的工作。

那么，企业战略是如何通过目标数字化转化为财务战略的呢？来看下面一些例子。

企业战略：要让公司成为全市同行业中成本效益最高的企业。

已知条件：假设全市同行业的成本效益通过成本利润率来表现，且目前成本利润率最高为 60%。

　　财务战略：公司的成本利润率要超过 60%。

　　企业战略：要让公司全年销量占全市同行业第一位。

　　已知条件：假设全市同行业中，全年销量最高的公司为 8 000 万元。

　　财务战略：公司全年的销售额要超过 8 000 万元。

　　企业战略：要将公司的经营重心放在经营活动上，使企业的收入主要来源于生产经营。

　　已知条件：假设公司上一年度核算出的经营活动现金净流量为 750 万元，投资活动现金净流量为 100 万元，筹资活动现金净流量为 800 万元。

　　财务战略：公司本年度实现的经营活动现金净流量要远高于投资活动和筹资活动的现金净流量，如投资活动现金净流量保持原来的水平，经营活动现金净流量实现 1 000 万元，筹资活动现金净流量下降到 550 万元。尽量降低投资活动和筹资活动现金净流量在现金净流量合计中的占比。

　　企业战略：合理配置公司的资源结构，使公司既有较高的长期偿债能力，又有较高的获利能力。

　　已知条件：企业的长期偿债能力主要通过资产负债率体现，即负债总额与资产总额的比值。企业的获利能力可通过资产报酬率体现，可以是息税前利润与资产平均总额的比值，也可以是利润总额与资产平均总额的比值，抑或是净利润与资产平均总额的比值。如果一味地降低资产负债率，使企业获得较高的偿债能力，则需要拉开负债与资产的距离，而资产的企业经营中的变化相对稳定，所以就只能降低负债总额，但负债总额中的"应付职工薪酬"和"应交税费"等，最终都会划分到"生产成本""管理费用""财务费用""销售费用"和"税金及附加"中去，相应地就是降低成本、费用开支，然而这种开支的减少只是表面上总额的减少，并不是减少单位成本，因此会相应减少生产投入量，产出率就会相应降低，最终实现的利润也会随之降低，导致企业获利能力降低。

财务战略：在满足企业拥有较高获利能力的基础上，保证企业的资产负债率维持在 50% 左右，若有可能，可尽量使资产负债率低于 50%。

企业战略：优化配置人力资源，使人力资源成本发挥最大效用。

已知条件：假设公司上月人力资源成本约 20 万元，经营获得的净利润约 9 万元。也就是说，人力资源成本利润率为 45%。

财务战略：公司本月要将人力资源成本利润率提升到 45% 以上，可保证人力资源成本稳定不便，提高净利润；也可在保证净利润水平不变的情况下，降低人力资源成本。

因为企业的各类报表数据囊括了企业的财务状况、经营成果和现金流量等情况，所以实务中，企业战略几乎都可以在经过具体分析和解剖后，将其转化为财务战略，将文字战略目标转化为数字战略目标。

由上述例子可看出，企业战略的主要特点是系统性，指出方向；而财务战略的主要特点是具体化，指出详细的目标。因此，企业老板需要懂财务，才能成为一名合格的领航员，带领着企业员工向着目标前行。

老板应具备什么能力

作为企业的领航者，老板肯定需要具备相应的能力才行，这样才能解决生产经营过程中可能出现的各种问题。简言之，老板需要具备较强的综合能力。

那么，企业老板要管控财务，具体需要具备哪些能力呢？如表 1-4 所示。

表 1-4　老板应具备的能力

类型	能力	解析
基本能力	—	即经营管理中一些基本能力,如记忆、表达、学习、自控、洞察、判断、自信、心理承受力、实干和随机应变能力等
管理能力	决策能力	即能及时做出决策、计划或战略部署,做出的决策、计划或战略部署地很准确
	组织指挥能力	即能够有条不紊地组织员工完成相应的工作,并能在过程中做出恰当地指挥
	沟通协调能力	即能够在企业的经营管理过程中协调各部门之间的关系,能与各部门负责人进行及时沟通,能了解各部门的真实工作环境和状态,能为了企业的利益而与外部单位进行有效地沟通和交流等
	人事管理能力	即能够准确把握各岗位人员的工作职责,并准确任用相应的人才,能使各员工在其岗位上发挥最大的效用,能赏罚分明,能有效控制企业的人员流动情况等
	创新能力	即有创新意识,能不断完善公司的制度,能不断提出提升经营管理水平的措施,能不断从企业发展中的不足之处找到更先进的管理方法和生产技术,能有意识地不断创造出新颖的产品或服务项目等
财务能力	审查能力	即能认清什么样的凭证是合法、合规的,能知道如何检查出会计账簿中的错账或"猫腻",能看出财务会计报表呈现的数据是否真实等
	分析能力	即能根据财务报表呈现的数据分析企业的财务状况、经营成果和现金流量等的具体情况,能从成本数据中分析出企业的成本结构,能分析出企业的偿债能力、盈利能力、营运能力和发展能力等
	预测能力	即能预测企业的盈利目标和成本耗费情况,能预测企业财会工作的大概准确度等
	监督能力	即能恰当地监督财会人员的工作和行为等

从上表内容可知，企业老板不仅要具备整个生产经营管理工作中需要的基本能力和管理能力，还要具备专业的财务能力。

基本能力和管理能力是统驭企业整个运营过程的必备能力，而财务能力是针对管理财务工作的能力，是企业老板应该拓展的能力。

基本能力和管理能力让老板站在高点统筹企业的经营，同时从全局的角度控制企业。这些能力的作用范围比较广泛，涉及采购、生产、销售和投融资等方方面面。

而财务能力可帮助老板深入了解企业的财务情况，从更具体的角度认识企业。财务能力的作用范围比基本能力和管理能力的小，它主要用在财务工作中。

基本能力和管理能力更倾向于处理"关系"，而财务能力更倾向于处理"活动"和"数据"。因此，基本能力和管理能力通常作用于人，而财务能力通常作用于物。作为企业的老板，必须要同时管好人与物，这样才能全方位地做好企业的经营管理工作。

实务工作中，老板不能刻意地将基本能力、管理能力和财务能力分开发挥，而应将这3类能力搭配使用，以期用最少的精力达到最好的目标，用最有效、合理的手段完成工作任务。

老板应关心的财务问题

对企业老板来说，要想管好财务，就需要了解自己应关心哪些财务问题，从这些问题出发，学习财务，认清财务，运用财务，最后管控财务。那么，老板究竟应关心什么样的财务问题呢？

1.关注现金的管理

现金是在一定范围内可立即投入市场流通的交换媒介，对于企业的经营活动有很好的助力。一旦现金管理出现问题，企业很可能面临"资不抵债"的局面。那么，老板在现金管理方面应关注哪些问题呢？

◆　现金具体是指什么

对企业来说，现金是对库存现金和银行存款的总称。因此，现金管理就是对库存现金和银行存款进行管理。

◆　库存现金的开支范围是怎样的

在财务方面，对库存现金的开支范围有严格的限制，职工个人的工资、奖金、津贴、抚恤金、丧葬补助费和各种劳动保护费与福利，个人劳务报酬和科学技术、文化艺术及体育等奖金，向个人收购农副产品和其他物资的价款，出差人员必须携带的差旅费，结算起点在 1 000 元以下的零星支出以及经中国人民银行确定需要以库存现金支付的其他支出，这些是库存现金的开支范围，其他经济事项或业务的开支要通过银行存款结算。

◆　企业的库存现金限额是否合理

企业的库存现金限额一般由单位提出申请，银行核定后确认。根据有关法律、法规和政策的规定，一般开户企业按其自身 3～5 天的日常零星开支为限，确定库存现金限额；而离银行网点较远、交通不便的企业，其库存现金限额的确定可多于自身 5 天的日常零星开支，但最高不得超过 15 天的日常零星开支。企业在生产经营过程中，日常零星开支会随着业务量的增加变动而发生变化，因此，为了及时确定企业的库存现金限额，老板就要时刻关注库存现金限额是否合理，以便做出及时调整。

◆　超过库存现金实有数的部分是否已及时送存银行

按照相关法律、法规和政策的规定，企业的库存现金实有数若超过限额，需将超过部分及时送存银行。这一做法可有效防止出纳人员做出一些舞弊行为，保证现金的安全和完整。因此，这一问题是老板应该关心的财务问题。

◆ 现金是否有短缺

现金的短缺往往说明企业的财会人员可能存在贪污或挪用公款等问题，这些问题直接损害企业的利益。作为老板，应关注现金是否短缺，进而查看财会工作是否存在舞弊现象，揪出企业的"蛀虫"，还企业一个干净、良好的发展环境。

◆ 现金的支出是否合理

现金的支出主要表现为支付各种原材料和辅料的价款、购建固定资产的价款、办公费、手续费、员工工资和福利以及各种税费款项。如果支出过于庞大，会给企业带来偿债负担；支出过少，又会阻碍企业的发展壮大。因此，老板应关注企业的现金支出是否合理，以此来控制企业的经营成本，同时合理配置资源。

◆ 看现金流量的结构是否合理

现金流量的结构主要通过现金流量表体现，通常在企业初创期时，需要筹集资金，同时生产经营业务才刚起步，此时筹资活动现金流量净额应为正数，且远高于经营活动现金流量净额，这样的现金流量结构才算正常；而企业发展期，筹集资金的活动明显减少，而生产经营业务明显增多，但实力还不允许进行投资或过大的投资，此时经营活动现金流量净额应为正数，且远高于筹资活动现金流量净额和投资活动现金流量净额，这样的现金流量结构才算正常；企业成熟期，经营主力同样集中在经营活动上，同时会增加投资，此时经营活动现金流量净额应为正数，投资活动现金流量净额一般为负数，筹资活动现金流量净额可正可负，且经营活动现金流量净额的绝对值还是应该大于投资活动现金流量净额的绝对值，这样的现金流量结构才算比较正常。

如果企业经营所处时期与其正常的现金流量结构不相符，则说明企业的财务状况很可能出现了问题。由此可见，老板一定要关注现金流量的结构是否合理，及时掌握现金流量的结构变化情况，及时发现企业存在的问题，及时做出准确的应对策略，保证企业能顺利、正常经营。

2. 关注存货的管理

对生产性企业来说，存货指各种原材料和辅助材料、机器零部件、半成品、产成品、库存商品、低值易耗品以及周转材料等的总称；对商品流通企业来说，存货仅指购进后用于出售的库存商品。由此可见，企业的存货涉及生产成本和销售成本，而成本又关系着企业的经营利润，利润又关系着企业的未来发展，因此，老板应关注存货的相关问题。

◆　原材料采购是否遵循"经济订货批量"原则

经济订货批量反映了原材料的持有成本与订货成本之间的平衡关系，一般而言，遵循了"经济订货批量"原则的原材料采购活动，可有效降低企业的采购成本，为企业谋取更多利润创造条件和空间。因此，老板应关注原材料的采购量是否符合经济订货批量的要求。

◆　库存商品的库存数量是否合理

对企业来说，若库存商品存放太多而未售出，很容易造成产品积压滞留，导致存货的保管成本增加；而库存商品存放太少，又容易发生存货短缺问题，影响企业的正常经营，严重时失去客户的信任。因此，老板需要关注企业的库存商品数量是否合理，这就要求老板督促相关人员核算出最低库存数，以这一库存数为标准，合理调配产成品与售出商品之间的数量关系。

◆　看存货的计价方法是否统一

存货的计价方法关系着发出存货成本和结存存货成本的核算结果，如果计价方法不统一，则企业的成本核算结果就不准确，对财会人员进行会计核算和记录不利，同时也不利于企业老板控制成本。因此，存货的计价方法也是老板应关注的一个问题。

◆ 查存货的保管制度是否完善

存货放置于企业的仓库中，时间长了，很容易发生霉变、虫蛀等问题，使存货不再具有其该有的使用价值，企业也会因此蒙受不必要的损失。完善的存货保管制度会指定专人负责保管存货，同时规定因保管人原因导致的存货损失由保管人承担相应赔偿责任，这样可降低企业的损失；相反，如果存货保管制度不完善，存货发生霉变、虫蛀、水浸或火灾时无法找到责任人，企业就只能自行承担损失，这不仅直接增加企业的成本，还可能导致企业无法及时交货，失去重要客户。因此，老板要时刻关注企业的存货保管问题。

◆ 查企业是否按存货清查制度实施清查

为了及时了解企业存货的结存情况，同时保证存货的完整、安全，企业需要建立存货清查制度，定期或不定期清查存货，以方便财会人员调账，防止企业陷入纳税风险。而企业老板不仅要组织企业建立完善的存货清查制度，还应时刻督促相关人员按制度办事。

3. 关注往来款项的管理

往来款项是指企业在生产经营过程中发生的各种应收账款、应付账款、预收账款和预付账款等。由于这些款项发生时企业已经发出商品或者还未收到商品，然而货真价实的钱还未收到或已经支付，如果客户或供应商不能按合同约定支付货款或提供货物，企业就很可能遭受钱财损失，会计上称为"坏账损失"。那么，在实务中，老板具体应关注往来款项的哪些问题呢？

◆ 是否建立应收账款管理制度

应收账款用于核算企业已经售出货物但尚未收到的货款。由于货物的发出时间与收到货款的时间有明显的间隔，且购买方实际能否支付货款是未知的，对销售方来说，存在收不回货款的可能。若真收不回，则企业就相当于损失了一批货物。而应收账款管理制度一般包括信用期的制定和催收措施的规定，这样既可督促购买方按时付款，也可有效防止购买方到期无法支付货款的情况。所以，作为企业的领导者，要组织、建立和完善应收账款管理制度。

◆ 是否建立预付账款管理制度

预付账款用于核算企业尚未收到货物但已经预先支付了的货款。由于预付款的时间与收到货物的时间有间隔，因此最终销售方能否按约定交货是未知的，对购买方来说，存在不能收到货物的可能。若真无法收到，则企业就相当于损失了预付的钱。预付账款的管理主要包括收货流程的确认、货物运输进度的把控以及验收入库的管理等，这样可实时掌控销售方的货物发出动态，以防企业无法收到货物。

◆ 是否建立应付账款和预收账款管理制度

应付账款用于核算企业购买了货物但尚未支付的货款，而预收账款用于核算企业货物还未发出但已预先收取的货款。这两种往来款项在一定程度上保障了企业的利益，使企业不会遭受前述的损失。但为了维护企业与供应商或客户之间的友好合作关系，也应建立相应的制度，约束企业的行为，按时向供应商付款或向客户提供货物。由此看来，老板也需要关注这两种往来账款的管理。

◆ 是否建立往来对账制度

由于往来账款涉及企业与外部单位的沟通、交流，双方会针对同一经济业务进行会计核算。而企业要保证这些往来账款的正确性，就需要与外单位进行账目核对。具体如何核对？核对哪些账目？核对相符和不相符分别如何处理？这些问题是财会人员要处理的，而老板需要关注的问题是是否建立往来对账制度？财会人员是否严格按照往来对账制度实施对账工作？与外单位进行的对账工作是否顺利，双方之间是否有矛盾？往来对账工作中产生的不相符情况是由哪一方造成的，主要责任在哪一方？对账工作后财会人员是否做了相应的总结工作？

◆ 看往来款项是否严重影响企业的现金流量

往来款项是在遵循"权责发生制"原则的基础上产生的概念，而现金流量是在遵循"收付实现制"原则的基础上产生的概念，两者在记录经济活动情况时存在明显的时间差异。因此，在以数据反映企业净利润和现金流量净额时就会存在差异。如果净利润和现金流量净额之间的差距过大，就说明企业应收、应付款等较多，易出现坏账，不利于企业的长期发展。所以老板要时刻关注净利润与现金流量净额之间的关系，预防企业产生过多的应收、应付账款。

4. 关注固定资产的管理

固定资产对企业生产产品、提供劳务等都有作用，如生产性企业必须有方便进行生产活动的厂房和机器设备，以及用于储藏产成品的仓库；而商品流通企业也需要有用于储藏待售商品的场所，这些都是企业需要购建的固定资产。

老板为什么要关注固定资产的管理呢？因为当企业需要扩大生产范围时，需要考虑扩大厂房、增加机器设备或生产线；当企业需要减少经营规模时，需要处置闲置的厂房、生产线或机器设备；当企业需要通过提高机器设备的使用效能来提高生产效率时，需要考虑维修或更换。这些固定资产的购建、维修、更换和处置等处理，都会涉及会计核算，进而涉及资产总额的变化，改变企业的资产、负债和所有者权益之间的结构，相应地会影响企业的投资者或股东的权益。

那么老板在固定资产的管理上需要关注哪些问题呢？

◆ 企业的固定资产总额有多少？

◆ 各部门是否按时上报了所使用固定资产的具体情况？

◆ 各部门申请购置或更换的固定资产是否合理？用途是否明确？

◆ 各部门是否严格执行固定资产的管理制度？

◆ 企业的固定资产占总资产的比例有多少？

5. 关注税务工作的管理

税费与税收在某种程度上来讲是一回事，只不过应缴纳税款的企业或单位一般称"税费"，而负责征收税款的税务机关将收到的税款称为"税收"。税收征管带有强制性，是国家制定相关法律、法规来要求纳税人缴纳税款的手段。因此，对企业来说，税务的管理至关重要，必须遵纪守法、保持诚信，才不会陷入纳税风险。

老板要使企业避免纳税风险，就需要时刻关注企业的纳税工作，看财会人员是否按期申报纳税？税费的核算依据和结果是否正确？看财会人员是否有私自做出偷逃税款的行为？看企业的应纳税项目是否发生了变更？了解企业大概符合哪些税收优惠政策？检查财会人员是否及时办理了设立登记、变更登记或注销登记等手续？企业是否建立税务自查制度？是否可能存在税务风险？

6. 其他应关注的问题

老板在企业中应站在统领的角度，不仅要关注现金、存货、往来账款、固定资产和税务，还应关注其他一些问题，如产品的定价是否合理、财会人员的工作是否做到位等。

老板应该遵守的财务原则

在企业经营过程中，老板应遵守的财务原则也是财会人员要遵守的财务原则。而财务原则中最基本的是系统性原则、现金平衡原则、收益风险原则和利益协调原则这 4 项。在实务中，财务原则要与财务管理原则相结合理解并严格遵守，具体说明如表 1-5 所示。

表 1-5　老板应遵循的财务原则

原则	说明
系统性原则	指老板和员工要共同打造最优的财务系统，同时分清该系统中各结构的层级关系，优化企业的资源配置，使财务管理系统保持应有的弹性，以适应人文环境的变化
现金平衡原则	指财务管理中实行的是收付实现制而不是权责发生制，管理过程中要做到的是现金收入和现金支出在数量和时间上达到动态平衡，方法是现金预算控制，也就是要达到筹资、投资和分配的综合平衡。在遵循这一原则时，老板和员工要明白货币有时间价值，且价值的衡量考虑的是现金而不是利润
收益风险原则	指从财务角度看，企业要获取收益，就必须付出成本，同时面临和承担相应的风险，而有些风险可通过分散来消除，但有些则不行。也就是说，收益与风险并存，两者相互联系、相互制约，所以要明白，竞争市场中没有利润特别高的项目
利益协调原则	指企业的各项财务活动都反映出企业与经营者、所有者、债权人、职工、部门、债务人、投资者、国家以及其他社会团体之间的利益关系，而要想企业获得更长远的发展，就必须在财务处理过程中权衡这些利益关系。在遵循这一原则的情况下，企业会处于一个灵敏的市场中，价格会相对合理，且当管理者与所有者之间的利益不一致时，也就不会感觉心里不平衡

老板和员工共同遵守上表所示的财务原则，才能正确处理企业的财会工作，准确地记录发生的所有经济业务和活动，控制企业的资金流动情况，更有效地防止企业陷入经济纠纷甚至财务风险。

财务规划管理与企业价值管理

财务规划是企业筹资计划、财务管理和投资计划的总称，目的是实现现金流的顺畅，同时提升企业创造财富的能力。而企业价值是指企业本身的价值，包括企业资金的时间价值、风险及持续发展能力等方面。

1. 财务规划管理

财务规划管理着眼于未来，是对企业未来发展的各种可能所需进行科学的判断，并给出明确的可行性方案。因此它具有如图 1-2 所示的四大显著特点。

长远性

财务规划管理的目的是解决企业未来发展可能遇到的各种问题，如企业规模要达到什么程度，在行业中要占据什么样的位置，盈利能力要达到什么样的标准等。财务规划管理就是从财务的角度分析得出企业总体发展战略目标，是企业未来开展经济活动的指南和实现发展目标的蓝图。

全局性

财务规划管理并不单指财税规划，它涉及企业的筹资、投资和经营等多方面的管理内容，也就是说，财务规划管理包含了企业未来筹资计划的管理、投资计划的管理和经营决策方面的管理。比如，企业未来需要扩大规模并需要筹资时，是否要在减少投资的同时加大经营收入；或者是在增加投资的情况下，是否应在加大经营收入的同时筹集一部分资金，以防资金周转不灵等。财务规划管理的全局性就表现在做出某一决策前要考虑多方面的因素，最终找出一个相对平衡的解决办法，使得企业可正常、顺利地往前进行。

适应性

财务规划管理就是要使企业能在规划范围内正常、有序发展，可要达到这一效果，必须要求财务规划管理能适应企业所处的复杂、多变的环境，这样才能让企业随着环境的变化而灵活经营。

风险性

由于财务规划管理是对企业未来发展需求所做的科学判断，但因为市场因素变化莫测，因此，即使财务规划管理很科学，也不能百分之百保证企业就能完全按照财务规划管理的目标发展，这就意味着企业未来发展依然存在风险，即企业发展可能偏离财务规划管理所制定的目标。

图 1-2　财务规划管理的特点

企业的财务规划管理要做到财务规划的思想、目标和措施这3点的有机结合，不仅要相互联系，还要相互影响，甚至相互制约。

2. 企业价值管理

从财务管理的角度看，企业价值有不同的表现形式，如账面价值、市场价值等，它受到很多因素的影响，如企业的存续期限、未来增值能力、经营风险和所处行业的前景等。

企业价值管理就是要通过各种正规、有效的手段，实现企业价值。而这里的手段就是财务规划管理中需要涉及的内容，由此可见，财务规划管理与企业价值管理是相辅相成的，进行了财务规划管理，即可在一定程度上实现企业价值管理。

在市场中，上市公司的企业价值一般通过自身股价来反映，而非上市公司则不能，它的价值需要通过一定的方法来量化，具体如表1-6所示。

表1-6　企业价值的量化方法

方法	量化企业价值
现金流量贴现法	该方法是一种面向未来的估值方法，因此被认为是最准确、最科学的方法。它涉及量化参数有未来自由现金流量、加权平均资本成本和企业终值等
先前交易分析法	取企业近期发生的、与行业背景和业务等相似的可比交易，通过计算相关乘数来分析企业价值
可比公司分析法	利用其他可比公司的相关乘数，与企业自身的销售收入、营业利润、净利润和现金流量等数据相乘，得出企业的内含价值

企业价值管理可以从设定企业员工守则出发，组织内部进行各种沟通和经济活动，最后落实企业发展远景。在这一过程中，企业价值管理要包括三大方向：衡量价值、创造价值和管理价值，即企业价值如何评估、如何最大化未来价值以及如何通过企业价值的反馈来改变企业经营、管理策略。

第 **2** 章

如何做好财务管理

财务管理的内容包括投资（资产购置）、筹资（资本融通）、经营活动（资金运营）以及利润分配这 4 个方面，涉及营业成本和费用、营业收入、营业利润、净利润和现金流量等项目的管理。除此之外，还有预算的制定、管理目标的实现以及相关财税政策的解读和实施等管理。

老板要明确财务管理的对象和目标

　　企业的财务管理工作实际上都是围绕"资金"展开的，因此财务管理的对象就是"资金及其运动"，简单地说，财务管理就是管理企业的资金及其运动的情况，如图 2-1 所示。

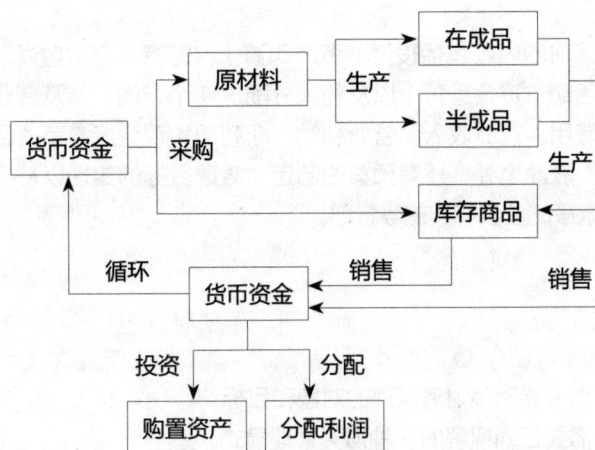

图 2-1　资金及其运动的情况

　　上图中，箭头所指方向即代表资金运动方向，可归纳出如下几条运动轨迹。

- ◆ 货币资金→采购→生产→销售→循环。
- ◆ 货币资金→采购→生产→销售→投资。
- ◆ 货币资金→采购→生产→销售→分配。
- ◆ 货币资金→采购→销售→循环。
- ◆ 货币资金→采购→销售→投资。
- ◆ 货币资金→采购→销售→分配。

前 3 条运动轨迹主要出现在生产性企业中，后 3 条轨迹主要出现在商品流通企业中。无论是哪种类型的企业，在管理资金和资金运动情况的过程中，都存在两大管理内容，即财务活动和财务关系，相关介绍如表 2-1 所示。

表 2-1　财务活动和财务关系

项目	内容
财务活动	指能引起企业资金发生增减变动的各种生产经营活动，如企业经营引起的活动、投资引起的活动、筹资引起的活动以及分配引起的活动，资金的运动都要靠这些活动来推进。 财务管理中，经营引起的活动主要是资金的收支，如企业采购材料或商品、支付工资和其他费用、销售商品收回资金等；投资引起的活动主要是购置生产经营所需的固定资产和无形资产、购买其他企业的股票或债券、收购另一家企业、收回投资以及变卖各种资产等；筹资引起的活动主要是解决以什么方式、在什么时间筹集多少资金这些问题而开展的活动，如发行股票或债券、向金融机构借款、吸收直接投资、偿还借款、支付利息或股利等
财务关系	指企业在开展各种财务活动的过程中与其他有关各方发生的经济关系，如与企业所有者或股东之间的关系、与被投资单位的关系、与债权人之间的关系、与债务人之间的关系、与内部各部门之间的关系、与职工之间的关系以及与工商、税务机关之间的关系等。 企业与其所有者或股东之间因接受投资产生财务关系，企业与被投资单位因对外投资产生财务关系，企业与债权人之间因采购或借款活动产生财务关系，企业与债务人之间因销售或借款活动产生财务关系，企业与内部各部门之间因各种生产经营活动产生财务关系，企业与职工之间因雇佣活动产生财务关系，企业与工商、税务机关等因设立、注册、变更、撤销和缴纳税款等登记活动产生财务关系

那么，企业通过管理财务中的资金及其运动情况，要实现什么样的目标呢？这是作为企业老板必须明确的问题。在实务中，可将财务管理目标分为几个层次：产值最大化→利润最大化→股东财富最大化→企业价值最大化→相关方利益最大化。在不同层次的目标下，要达到的效果也是不同的，对企业的发展来说也有不同的优缺点，它们之间的对比情况如表 2-2 所示。

表 2-2　不同层次的财务管理目标对比

目标	内容	优点	缺点
产值最大化	达到最大化的生产目标	—	只是生产目标，不是真正意义上的财务管理目标，只考虑生产和产值，不考虑销售和效益，只重视数量，不重视质量
利润最大化	企业使用各种销售手段或控制成本、费用的手段将利润达到最大	计算简单、简便	不能考虑到利润实现的时间，完成过程中没有考虑风险问题，没有考虑资本利润率，容易引发短期行为，即只顾眼前利益，无法非常准确地反映企业的真实经营情况
股东财富最大化	通过实施财务管理工作，使股东财富达到最多状态	目标易量化，考虑了资金时间价值和风险，可在一定程度上克服利润最大化导致的短期行为	只适用于上市公司，非上市公司不适用；管理者容易为了自身利益而牺牲股东利益，无法真正做到股东财富最大化；量化指标"股票价格"受很多因素影响，不能准确反映企业的经营业绩
企业价值最大化	通过实施财务管理工作，在保证企业长期稳定发展的同时，使企业总价值达到最大	考虑了资金时间价值及风险与报酬的关系，能克服只追求眼前利润的短期行为	没有考虑企业投入与产出之间的关系；具体的评判数值难以计量，可操作性不强；企业价值这一指标的适用范围有限，实务中很难运用；该目标受很多因素影响，易误导企业做出错误或不准确的财务决策
相关方利益最大化	指与企业有着各种财务关系的其他各方	考虑的因素比较全面，财务管理目标比较精确	考虑的因素过多，无法准确地量化目标，制定目标的过程非常复杂、烦琐，容易增加时间成本而得不偿失，且该财务管理目标不容易实现，经营中的绝对平衡难以达到

要想达到上表中所示的任何一个财务管理目标，就需要从企业的筹资、投资、经营和分配等活动中寻找方法，比如以下所示的一些。

◆ 筹资活动中，考虑如何用最少的资金成本和最低的筹资风险，筹到最多的经营所需资金。这里的最少、最低与最多之间是相对而言的。

◆ 投资活动中，考虑如何用最少的投资资金承受最低的投资风险，获得最大的投资收益。这里的最少、最低与最大之间也是相对而言的。

◆ 经营活动中，考虑如何用最少的投入，取得最多的产出。这里的最少与最多之间依然是相对而言的。

◆ 分配活动中，考虑利润留存额度、分配方式和分配比例，使企业的潜在收益能力达到最强。这里的额度、方式、比例等与潜在收益能力之间同样是相对而言的。

老板在组织员工具体制定和实施财务管理目标时，要做好详细的分析、统计工作，领导企业员工明确财务管理的具体对象和具体目标。

需要正确理解的 3 种财务管理模式

企业老板要明白，财务管理模式就是财务管理体系，通俗地说，就是财务管理规则或制度。企业一般从财权配置的角度划分财务管理模式，较常见的有 3 种：集权型财务管理模式、分权型财务管理模式和混合型财务管理模式，其中，集权型财务管理模式运用较多。下面就来看看这 3 种财务管理模式究竟是怎样的。

1. 集权型财务管理模式

集权型财务管理模式是指企业或集团企业的各种财务决策权比较集中，且大多集中在企业最高管理机关或母公司手中，各部门或成员公司要严格执行企业最高管理机关或母公司做出的各种财务决策的财务管理模式。该财务管理模式的优缺点如表 2-3 所示。

表 2-3　集权型财务管理模式的优缺点

优缺点	详述
优点	①可以统一企业或集团企业的财务决策，减少个性化财务决策可能带来的行政管理成本； ②企业或集团能有效发挥统一调控的作用，有利于顺利完成企业或集团的财务管理目标； ③企业或集团可统一管理财务，制定统一的风险防范措施，给各部门或成员公司以最好的"靠山"作用，尽可能降低风险的发生概率； ④企业或集团可统一调配资金，保证资金的使用有效和保管安全，有利于降低资金的使用、周转及调剂成本
缺点	①财务决策权过于集中在企业最高管理机关或母公司的手中，使得各部门或子公司没有实权，容易降低部门或子公司的工作积极性，同时还会使各项财务活动的开展缺乏灵活性和创造性，变相增加了企业经营过程中的相关隐性成本； ②财务决策权过于集中在企业最高管理机关或母公司手中的同时，财务风险也会过于集中在企业最高管理机关或母公司手中，也就是说，各部门或子公司都无法及时分散企业或集团企业承担的财务风险，一旦财务决策不正确，就会导致巨大损失

老板在看待"集权"时，一定要明白，过于集权并不好，财务决策权的集中度要适当才行。

2. 分权型财务管理模式

与集权型财务管理模式相比，分权型财务管理模式更注重将财务决策权下放给各部门或各成员公司，而企业最高管理机关或母公司只负责发展大方向的规划和战略性问题的解决。具体来说，这种财务管理模式在如表 2-4 所示的几方面中体现其特点。

表 2-4　分权型财务管理模式的各方面特点

项目	特点
财务方面	各部门或子公司对资本的筹集、投入和使用，费用的开支，任职员工的选择和解聘，员工工资、奖金和福利等，都有独立的决策权，可根据市场环境和自身情况做出合适的财务决策，不用事事都要征得企业最高管理机关或集团的同意
业务方面	各部门或子公司积极做好自己的分内工作，以有效、合法的手段完成工作任务，达到相应的目标，而企业最高管理机关或集团并不会以统一的标准要求不同性质的工作部门完成统一的财务管理目标
利益方面	企业最高管理机关或集团会更看重各部门或子公司的发展能力，会以各部门或各子公司的价值最大化为经营原则，促使各部门或各子公司发挥出各自最大的经营水平
管理方面	企业最高管理机关或集团不会向各部门或子公司发出指令性的要求或计划，而是以笼统的目标为导向，实行间接管理，给各部门或子公司自行制定管理方案的空间

从上表所示的分权型财务管理模式的特点来看，可总结出如表 2-5 所示的一些优缺点。

表 2-5　分权型财务管理模式的优缺点

优缺点	详述
优点	①各部门或子公司可掌握相应的实权，有利于提高其工作积极性，同时可以快速做出相应的财务决策，使得财务管理工作更具灵活性和创造性，为企业创造利润的机会也能相应增加； ②将权力下放给各部门或子公司，可有效减轻企业最高管理机关或集团的决策压力，相应地就能很好地分散财务风险，某个部门或某个子公司的财务决策不正确，对企业整体或集团的影响较小，从而可降低企业或集团遭受巨大损失的可能性
缺点	①缺乏统一的财务决策，容易造成"军队无首领"的局面，而使各部门或子公司为了追求自身利益而损害企业或集团的利益； ②使企业经营中的风险不确定性增强，导致企业来不及做出应对措施

老板在看待"分权"时，也要明白，过度分权也会对企业不利，财务决策权的划分力度要恰当，否则容易使各部门或各子公司不受控制而肆意发展。

3. 混合型财务管理模式

混合型财务管理模式是指集权型和分权型相结合的财务管理模式，简单理解为当集权型财务管理模式与分权型财务管理模式达到相对平衡状态时的一种财务管理模式。

该财务管理模式下，集权和分权都会受到企业或集团的关注，其优点就是综合了集权型财务管理模式和分权型财务管理模式的优点，也就同时规避了后两种模式的缺点。这样，企业最高管理机关或集团可以发挥财务调控的作用，而各部门或子公司又可自由做出财务决策，既能调动各部门或子公司的积极性和创造性，又有利于企业或集团企业控制整个企业或集团的经营风险。

一般来说，混合型财务管理模式下，重大决策权由企业最高管理机关或母公司掌握，而其他不那么重要的决策权下放给各部门或子公司。

老板在看待"混合型财务管理模式"时，切忌不能认为是有集权和分权就行了，在实务中，集权和分权的管理工作要进行融合，不能明显分出两者的界限。比如，对财务部门的管理采用集权型财务管理模式，而对行政部门的管理采用分权型财务管理模式，集权和分权过于分隔，会导致企业各部门之间的管理不协调、不平衡。企业应该从决策权力的本身出发，根据其重要程度，在各部门之间进行适当的集权和分权，比如，财务部门的组织结构配置的决策权要由企业最高管理机关掌控，而该部门中具体人员配置的决策权可下放给财务部，根据其具体情况做出合适的决策。

由于混合型财务管理模式较复杂，在企业经营管理中实施起来很麻烦，因此，大多数企业还是采用的集权型财务管理模式，毕竟各部门或各子公司可控比不可控更让企业或集团安心。

你不知道的财务管理体系

体系，即"整体"和"系统"，反映的是范围。财务管理体系就是整个财务管理的范围，它包括财务会计人员、财务会计机构、财务管理制度和企业财务会计政策。

1. 财务会计人员兼具"管理者"和"被管理者"双重身份

财务会计人员指企业中开展各种财务活动的相关人员，如总会计师、财务总监、主管会计、记账人员、出纳人员和内部审计人员等。这些人员一方面作为"管理者"，协助企业领导者管理财务工作；另一方面作为财务管理体系的"被管理者"，接受企业的管理。双重身份下，财务会计人员在财务管理体系中要做哪些事情呢？如表 2-6 所示。

表 2-6　财务会计人员在财务管理体系中要做的事

身份	要做的事
管理者	①要协助企业设立和调整财务会计机构，选拔财务会计人才； ②要协助企业制定财务管理制度，并监督各部门是否严格按照财务管理制度的规定行事； ③要积极学习国家财务会计政策，并将其进行合法、合理的修改，以作为本企业的财务会计政策使用，同时向本企业的其他各部门宣传相应的财务会计政策，并督促各部门认真学习等
被管理者	①接受企业对财务会计人员的管理方案，做好自己的本职工作； ②服从上级的工作安排，按时完成工作任务； ③积极主动地学习财务会计知识，丰富自身经验，努力为企业创造价值； ④在财务会计机构中找准自己的位置，不越权，也不推卸责任； ⑤严格遵守企业制定的财务管理制度，按制度行事； ⑥积极主动学习企业、地方和国家的财务会计政策，为工作做好充分的准备等

2. 财务会计机构是财务管理体系中的"被管理者"

财务会计机构是指各单位办理财务会计事务的职能部门，一般称为"财务部"。除了一些因为规模小或业务简单而不需要设立专门的财务会计机构的单位外，所有企业单位都必须设置财务会计机构。

财务会计机构在财务管理体系中处于"被管理"的位置，主要表现在以下一些方面。

◆ 要严格按照相应的财务管理制度组织财务会计工作，如按流程进行申请、审批和会计核算等。

◆ 要时刻准备接受上级领导和相关机关的检查。

◆ 机构的具体设置要按照上级机构的要求进行灵活变动。

◆ 要在被授权范围内行使相应的权力，不得越权。

◆ 要在领导者的带领下完成上级交派的任务。

财务会计机构属于财务管理体系中的"场所"，因此需要受"人"控制和管理，这里的"人"即企业或企业最高管理机关。

3. 财务管理制度"被管理"的同时用于管理

财务管理制度之所以"被管理"，是因为它由企业财务会计机构负责人协同其他财会人员制定而来，因此，其最终呈现的结果和被执行的情况也受财务会计机构和企业最高管理机构的控制。

从另一方面来说，企业需要利用财务管理制度来规范财务会计人员或其他相关人员的工作和行为，因此，它又表现出一些"管理"的意味。

◆ 财务管理制度被用来管理企业财务会计机构的设置工作。

◆ 财务管理制度被用来管理企业财务会计人员。

◆ 财务管理制度被用来管理企业财务会计事项。

◆ 财务管理制度被用来管理企业与其他外部单位之间的关系。

◆ 财务管理制度被用来管理企业的各项经济活动。

◆ 财务管理制度被用来管理企业的资金及其运动情况。

4. 企业财务会计政策兼具"被管理"和"管理"功能

企业财务会计政策基于国家或当地财务会计政策而产生，由各经营企业根据自身实际情况，在引用国家或当地财务会计政策的基础上改编而成，这一形成过程体现出"被管理"的性质。不仅如此，它还和财务管理制度一样，最终呈现的内容和被遵照执行的情况也由企业或企业最高管理机构控制，这也是"被管理"性质的体现。

同样地，企业财务会计政策也会被用来管理财务会计人员或财务会计机构，体现出"管理"性质。具体有如下几个方面。

◆ 财务会计政策被用来指导企业、管理者和财务会计人员更好地组织并实施财务会计工作。

◆ 财务会计政策被用来规范和约束企业、管理者和财务会计人员在财务会计工作中的相关行为。

◆ 财务会计政策被用来联系和管理企业与供应商、客户、工商和税务等外部单位或机关之间的关系。

◆ 财务会计政策被用来拓展和丰富企业财务会计人员的专业知识和技能。

◆ 财务会计政策被用来作为企业实施财务会计工作的标准。

企业财务会计政策与财务管理制度都对企业、财务会计人员和财务会计机构有指导作用，但财务会计政策的指导作用更专业。

在实务中，财务管理体系的构建需要注意哪些问题呢？如表 2-7 所示。

表 2-7　构建财务管理体系应注意的问题

序号	应注意的问题
1	所构建的财务管理体系要能促进企业实现企业价值最大化的财务目标
2	必须要保证企业财务管理体系的构建工作受到高层管理者的重视
3	财务管理系统的构建须遵循整体性、层次性、目的性和环境适应性原则

续表

序号	应注意的问题
4	企业的全体员工必须参与到财务管理体系的构建工作中，为企业出一份力的同时成为财务管理体系中的一分子
5	企业构建的财务管理体系必须按照时代和社会的发展，持续改进，以适应当前的经济环境，保证企业在市场中的竞争力不减退
6	在构建财务管理体系的过程中涉及的各种财务决策，必须以事实作为基础，这样才能使企业的财务管理体系不与实际脱节，保证其实用性

财务管理也能创造价值

　　财务管理工作涉及企业经营的方方面面，虽然无法具体量化它对企业发展的作用，但其确实能为企业创造价值。笼统地说，财务管理可以协助企业创造价值，也可促进企业创造价值，更能保护企业所创造的价值，这些作用就是财务管理为企业创造的价值。那么，作为企业老板，要如何理解财务管理为企业创造价值这回事呢？一般来说，要从财务管理如何为企业创造价值入手。

　　1. 财务管理中的财务技术如何创造价值

　　财务管理中的很多财务技术非常实用，利用这些技术可以精简或规范财务工作，分析并统计出有用的财务数据，另外还可以减轻企业的经营负担，为企业创造时间价值和边际收益价值。

　　这些财务技术包括试算平衡、银行存款余额调节、税务筹划和编制报表等，具体说明如表 2-8 所示。

表 2-8　财务技术能够创造的价值

财务技术	创造的价值
试算平衡	通过该财务技术，可检验账务处理是否正确。所创造的价值就是以最简便的方法在一定程度上保证企业的会计记录准确无误，也在无形中促使财务会计人员规范自己的行为
银行存款余额调节	通过该财务技术，可查出企业和银行之间存在的未达账项，并进一步查出银行存款余额不相符的原因。所创造的价值就是以专门的方法快速查找银行存款的账目问题，节约查账时间，也为企业领导者分析银行存款管理工作存在的问题提供参考依据
税务筹划	通过该财务技术，可直接减少企业所需缴纳的税费，减轻企业的纳税负担，创造收益价值
编制报表	通过该财务技术，可统计并精简出最具有代表性和实用性的财务数据，创造不可取代的使用价值

2. 财务管理如何从战略管理方面创造价值

在进行财务管理时，少不了要制定一些财务战略，这些战略可以在企业发展过程中发挥出举足轻重的作用，比如落实业务战略、推动企业管理体系的升级以及促成与业务相匹配的投融资策略的生成等。相关介绍如表 2-9 所示。

表 2-9　战略管理方面因财务管理创造的价值

创造的价值	概述
使业务战略得到落实	由于企业的经济业务或事项的发生或完成，最终都会以财务会计数据的方式呈现出来，相应地，业务战略也会由财务战略来体现。有了财务管理，才能保证业务战略有效地转化为财务战略，使业务战略得到落实而不至于"纸上谈兵"
使企业管理体系得到提升	财务管理是企业管理的一个重要组成部分，且财务管理工作会涉及企业其他各方面的工作内容。因此，财务管理的实施，可与其他管理工作有机地联合起来，同时不断完善企业管理工作的各个方面，也就可以使企业管理体系得到相应的提升，为企业创造管理价值

续表

创造的价值	概述
生成与业务相匹配的投融资策略	财务管理不仅包括对企业发生的经济活动或事项的管理，还有对资金及其运动、投资活动和筹资（融资）活动等的管理。企业经济业务的开展可不断壮大企业的规模和声誉，进而影响企业投融资策略的制定。也就是说，通过财务管理，可促使企业制定出与经济业务相匹配的投融资策略，创造收益价值和资本扩张价值

3. 财务管理保护所创价值也是创造价值的一种

老板要明白，企业财务管理不仅可以创造价值，还能保护企业管理中所创造的很多价值，这可以理解为财务管理创造的资料保全价值。为什么这么说呢？来看看如表 2-10 所示的一些说明。

表 2-10 财务管理创造的保全价值

序号	概述
1	通过财务管理，可将业务部门的销售数据、采购部门的采购数据、生产部门的生产数据、财务部门和行管部门的相关数据反映在"主营业务收入""应交税费""银行存款""主营业务成本""库存商品""销售费用""财务费用""原材料"和"周转材料"等财务数据中，并记录在凭证、账簿和报表内，作为会计资料进行妥善保管。即使这些部门不慎丢失数据，也能从这些会计资料中找到经济活动发生或完成的依据
2	通过财务管理，可将企业发展过程中各个会计期间的成本、费用、收入和利润等情况做好记录，同时形成相应的会计资料进行保存
3	通过财务管理，可记录企业员工的入职、在职和离职等情况，同时不断更新最终的人力资源数据，并将其保管在案，以备随时查询
4	通过财务管理，可将企业实现的一部分利润留存在企业内部，形成"盈余公积"，使企业实现的收益不至于全部外流，在一定程度上可保全企业的经营实力
5	通过财务管理，可灵活调节企业的资本结构，使其按照预期目标发展，同时也约束其过分失衡，保全企业的资本结构相对平衡。如企业要用盈余公积转增资本时，转增后的盈余公积余额不能低于注册资本的 25%；又如企业提取的盈余公积超过注册资本的 50% 时可不用再提取

企业价值评估及方法

在本书第 1 章提到过什么是企业价值，它并不是所谓的利润，更不是企业账面资产的总价值。实际上，因为企业商誉的存在，企业价值远远超过账面资产的价值。那么，企业价值究竟如何评估呢？具体的评估方法有哪些呢？下面就来一一解答这些问题。

1. 企业价值评估的适用范围

企业价值评估是资产评估师依据一定的准则，在特定日期、特定目的下对某些企业的价值进行分析、估算并发表专业意见的行为和过程。

这里的一定准则主要是指相关法律、法规和资产评估准则，而特定日期一般指评估基准日，某些价值指企业整体价值、股东全部权益价值或股东部分权益价值等。

企业老板要牢记，企业价值并不是所有资产价值的简单累加，它是企业生产经营中经济与技术的结合。在企业经营过程中，如图 2-2 所示的一些经济行为或活动会涉及企业价值评估。

设立公司	企业改制	股票发行上市	股权转让	企业联营
组建集团	企业兼并、收购或分立	合资	承包	抵押贷款
中外合作	租赁	融资	破产清算	法律诉讼	……

图 2-2　可能涉及企业价值评估的经济行为或活动

2. 企业价值评估的目的

在了解了哪些经济行为或活动会涉及企业价值评估后，老板还要清楚进行企业价值评估的目的是什么?

从上图可知,企业价值评估覆盖资本运作、资产运作和一些管理方面的经济行为,从这3个方面概括的企业价值评估目的如表2-11所示。

表2-11 企业价值评估的目的

方面	评估目的
资本运作	由于企业价值评估可能发生在企业设立、企业改制、股票发行上市、股权转让、企业联营、组建集团、合资、中外合作、融资以及企业兼并、收购或分立等经济行为或活动中,所以这些情况下企业价值评估的目的是算清企业的资本数额并理清资本结构,促进投资入股、增资扩股、股权转让及合资合作的完成
资产运作	当企业价值评估用于抵押贷款和破产清算等经济行为时,目的是算清企业的资产价值和资产组成结构,便于企业选择合适的资产作为抵押物取得贷款,也有利于企业在进行破产清算时合理处置资产
管理	当企业价值评估发生在承包、租赁和法律诉讼等经济行为时,目的是算清企业的实际价值、财务状况和经营成果等数据,好让企业在做出承包、租赁决策前对自身条件有充分地认识,也让企业在进行法律诉讼前做好充足地准备,同时让企业能更好地对外展现自己的经营实力,对内凝聚员工的力量和信心

3. 企业价值评估所需的资料

企业要进行价值评估,需准备的资料会很多,下面列举一些常见的。

◆ 企业法人营业执照(五证合一);若是国有企业,还需另外准备国有企业产权登记证。

◆ 写明企业概况的书面文件,包括企业成立背景、法定代表人信息和组织机构图等。

◆ 公司章程和与企业生产经营有关的行政管理机关的文件。

◆ 证明企业产权关系的法律文件和可能涉及企业产权关系变动的法律文件。这里的企业产权关系变动具体由图2-2中所示的某些经济行为引起。

- ◆ 写明企业发生经济担保和债务抵押等涉及重大债权、债务关系的法律文件。
- ◆ 企业年度和半年度的工作总结、含评估基准日在内的近 5 年的年度财会报表和分析报告以及生产经营产品的统计资料。
- ◆ 注明企业以前年度的无形资产投入统计情况的资料。
- ◆ 企业经营产品的质量标准说明文件、商标证书、专利证书和技术成果鉴定证书等证明文件。
- ◆ 企业现有的生产设备设施和供产销网络情况。
- ◆ 概述了企业现有技术研发情况的文件和技术创新计划书。
- ◆ 说明企业生产经营优势和主要风险的书面文件；有分支机构的，还要准备说明分支机构生产经营情况的资料。
- ◆ 写明企业主要客户名单和主要竞争对手名单的资料。
- ◆ 概述了新闻媒体和消费者等对企业经营产品的质量、售后服务等的相关报道和评价的信息资料。
- ◆ 概述了企业未来 5 年发展规划、收益预测和预测说明的资料。
- ◆ 写明了企业或法定代表人获得了哪些荣誉或荣誉证书的文件，以及企业策划并宣传自身形象的相关资料。
- ◆ 其他资产评估师或企业认为应该准备的资料。

4. 企业价值评估的大致流程

企业价值评估这件事并不简单，要想做好必须严格按照相应的办事流程进行，大致流程如图 2-3 所示。

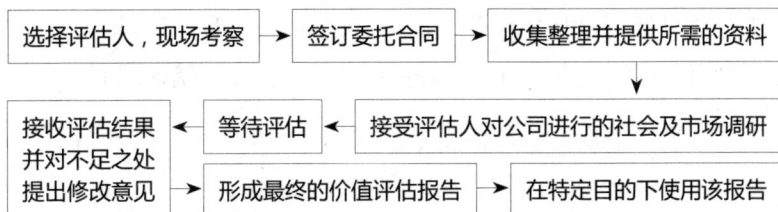

图 2-3　企业价值评估的简要流程

5. 企业价值评估的方法

当下需要企业进行价值评估的经济行为或活动越来越多，也越来越复杂，因此，企业价值评估的应用空间被拓展。对于一家企业而言，为了使价值评估的结果更准确，应尽量统一评估方法。实务中，可选用的企业价值评估方法有常见的 3 种，如表 2-12 所示。

表 2-12　企业价值评估可选用的方法

具体方法		具体操作
资产价值评估法	账面价值法	这里的账面价值指资产负债表中所有者（或股东）权益的价值或净值，计算公式为：目标企业价值 = 目标企业的账面净资产 ×（1+ 调整系数）
	重置成本法	指将企业资产全部以新的价格来衡量其价值，同时考虑资产贬值折旧情况的一种评估方法，计算公式为：目标企业价值 = 企业资产市场全新价格 − 有形资产折旧额 − 无形资产摊销额
现金流量贴现法		考虑资金的时间价值和风险，将发生在不同时点的现金流量按既定的贴现率统一折算成现值，再加计这些现值而得到目标企业价值
市场比较法		在市场中找出一个或多个与被评估企业相同或相似的参照企业，分析比较其与被评估企业之间在重要指标上的差异，修正并调整企业的市场价值，最后确定被评估企业的价值

上表中，资产价值评估法是一种静态评估法，它存在的明显缺点是将企业的各项生产资料的价值简单累加。而现金流量贴现法充分考虑了资金的时间价值和经营风险，这样得出的企业价值评估结果会更准确。市场比较法虽然可以从外界获取很多评估参考，但一旦市场失灵，该方法便不可用，也就是说，市场比较法在使用上会受到诸多限制。

总的来说，企业价值评估还是带有较强的主观性，实务中不同的企业应根据自身实际情况选用恰当的方法进行价值评估，若有必要，可结合多种方法进行评估。

企业有必要做到财务管理信息化

作为老板，必须要知道什么是财务管理信息化。

财务管理信息化就是指在财务管理方面培养和发展新生产力，使之有利于企业发展的一个过程。这里的新生产力主要指以计算机为主的智能化财务工具。从本质上来说，财务管理信息化是一种财务管理方式，它是全新的，在特定环境下产生，特点有如下一些。

◆ 可促使物流、资金流和现金流实现同步化。

◆ 财务管理集成化。

◆ 财务组织弹性化。

◆ 财务资源供应链化等。

在实现财务管理信息化的过程中，企业会充分利用有效的现代信息技术，建立信息系统，整合财务信息，从而提高企业的财务管理水平和经济效益。

那么，为什么说企业有必要做到财务管理信息化呢？这就要从作用和影响方面来分析了。

1.财务管理信息化的作用

对企业来说，有作用的管理方法或措施才有必要实行。当然，财务管理信息化也有其可以发挥的作用，如表 2-13 所示。

表 2-13 财务管理信息化的作用

作用	简述
规范财务核算和财务管理	财务管理信息化可使财务管理更融通、更高效，信息之间的传递更能受到广泛的监督，由此来规范财务核算和财务管理

续表

作用	简述
为生产经营提供高效的财务信息	财务管理信息化就是将财务软件与实际财务信息结合起来，快速整合零散的信息并使之形成一个信息循环体系，为企业生产经营和其他业务领域提供高效的财务信息
实现财务集中化管理	财务管理信息化通过网络收集、整理信息，并将这些信息集中到某一个或几个财务系统中，由企业的财务会计人员负责统一的核算、记录和分析，使财务管理实现集中化
提高财务管理水平并促进财务管理现代化	当下经济市场是信息化、现代化的，而财务管理信息化的过程可促使财务管理工作更现代化，且信息化可提高财务管理工作的效率，进而提高财务管理水平
提升企业整体竞争力	财务管理信息化可作用于企业经营管理的各个方面，能快速且准确地提炼和处理各种信息，从而提高整个企业的工作效率，使企业在同行业中具备时间优势，提升整体竞争力

2. 财务管理信息化的影响

财务管理信息化除了有前述的一些作用外，还因其对企业经营管理的相关方面有一定的积极影响，所以使得很多企业管理者都认为财务管理信息化很有必要。具体有哪些积极影响呢？如表 2-14 所示。

表 2-14 财务管理信息化的积极影响

积极影响	简述
有利于企业进行有效的财务预测	财务管理信息化具有信息量庞大、信息面广泛和信息处理灵活等特点，因此，它可为相关财会人员提供精准的财务信息，有助于企业进行准确且有效的财务预测
可以打破传统的财务工作模式	财务管理信息化是现代化的，该方式的特点就是新式、新颖，在实现的过程中可打破传统财务工作模式，减少人工手动作业，减轻员工工作负担，同时提高财务核算效率
可提高企业财会人员的整体素质	由于财务管理信息化结合了计算机技术和财务技术，因此，要求财会人员要在会处理会计工作的同时会使用计算机，相应地提高财会人员的整体素质

第 **3** 章

对企业的财务结构应了如指掌

企业的财务结构是指所有资本的多少以及各种资本在总资本中的占比情况。另外，财务结构还反映企业各种资本的来源途径。从资产负债表来看，企业的财务结构指借贷资金（即负债）与权益资金（即所有者权益）的结构。作为企业老板，要站在全局的角度，了解企业的财务结构，进而引导整个企业向更好的方向发展。

企业要组建合理的财务结构

企业在经营过程中，业务的开展会不断影响企业的财务结构，使之发生改变。但是为了稳定企业发展，降低企业经营风险，企业老板就必须站在长远发展的角度，将企业的财务结构控制在一个类型范围内。下面来看看，财会实务中有哪些财务结构类型。

1. 保守型财务结构

保守型财务结构就是指使经营风险足够小的财务结构，具体表现为：流动资产的比重远大于非流动资产的比重，资产收益率较低，非流动负债的比重大于流动负债的比重，短期财务风险低于长期财务风险。

实际操作时，企业通常会削减非流动资产的规模，将大部分资金储存在货币性资产和存货资产上；或者使债务资本与权益资本根据实际经营情况灵活地此消彼长，达到两者之间的相对协调，而在债务资本中，长期负债高于短期负债，保证经营正常，但相应地，长期财务风险较大。由此可见，保守型财务结构的特点有以下几点。

◆ 货币资产中短期借款的数额较少，流动比率和速动比率都偏高，短期偿债能力较强，短期财务风险较小。

◆ 业务较少时，流动资产会发生过多的闲置，资产对应的收益率会很低。

◆ 非流动资产比例较小，而流动资产中存货数量较大，使经营风险较小。

◆ 根据资产负债表的结构可知，企业的资产来源分为债务资本和权益资本。而保守型财务结构中，流动资产的资金来源大多是权益资本，这就使资本成本较高，且负担不能很好地通过资产收益来减轻。

2. 稳健型财务结构

稳健型财务结构是指使经营风险和经营收益相对平稳的财务结构，具体表现为：流动资产与非流动资产的比例适中，资产收益率在正常范围内，长期负债较少，权益资本较多，长期财务风险较低。

实际操作时，企业通常会权衡流动资产与非流动资产之间的相对数值大小，以协调两者之间的平衡关系；或者尽可能地减少长期负债的数额，从而减小长期财务风险；又或者在长期负债相对较多时，增加权益资本的量，以此减小长期财务风险。这些都是保证企业稳健发展的方法。由此可见，稳健型财务结构的特点有以下一些。

◆ 货币资产中的权益资本和短期负债明显高于长期负债，短期偿债能力不强。相应地，短期财务风险较大，长期财务风险较小。

◆ 经营的淡旺季之分几乎不会影响资产的收益率，即资产收益率相对平稳。

◆ 短期负债较多，短期经营风险需要通过长期财务风险来稀释。

◆ 从资产负债表结构来看，长期债务不多，因此资本中的短期资本和权益资本量较大，而其中权益资本量更甚，导致权益资本的成本较高，企业负担较重。

3. 激进型财务结构

激进型财务结构就是尽可能追求高的资产收益率而使企业承担较高的经营风险和财务风险的财务结构，具体表现为：流动资产和流动资产中的货币资产的规模都很小，资金不应闲置，资产收益率高；非流动资产中固定资产比例高，资产营运效率低，短期负债比长期负债多，短期财务风险比长期财务风险大。

实际操作时，企业通常会保留较少的流动资金，而将大部分资金用于购置固定资产或进行对外投资，以期获得较高的收益。相应地，企业会在资金周转不灵时频繁借入短期借款，增加短期负债的数额，以防止资金链断裂。因此，激进型财务结构有如下一些特点。

◆ 流动资产的货币资金数额小，资金周转存在问题，一旦经营活动有所变动，就会使资金用量紧张。

◆ 非流动资产占比高，同时流动负债比例也高，因此经营风险较大，财务风险也较大。

◆ 从资产负债表结构来看，企业的资产来源主要是债务资本中的短期负债和权益资本。而短期负债比例高，使资本的成本较低，资本成本的负担较轻。

◆ 在能确保资金周转灵活的情况下，较高的资产收益率和较低的资本成本率，会缓解经营风险和财务风险。相反，如果资金周转不灵，经营风险和财务风险会同时作用，使企业经营情况恶化，风险极度扩大。

实务中，老板要为企业定一个确定的财务结构类型，且需要以一个会计期间为前提，因为不同的会计期间会因为经营需求的不同而需要有不同的财务结构来配合；另外，还要明白的是，不能因为要考虑一些细微的财务问题而纠结财务结构的多变性。正常经营过程中，财务结构都不是一成不变的，只要有经济业务发生，财务结构都会发生细微变动。所以，老板只能从大方向出发，选定一种财务结构来适应当前的企业发展情况。

那么，老板要如何确定某一种财务结构在当前是最佳的呢？主要从以下3个方面来考量。

◆ 在特定条件下，企业要能正常运转，且保持较高的偿债能力。这是绝对要符合的特征。

◆ 在特定的行业、特定的时间和经营环境下，所选的财务结构最优。这是相对的特征。

◆ 实际上没有最佳的财务结构，只有经营结果最令人满意的财务结构。这是能实现和不能实现之间的模糊界限。

如果一定要用具体的指标来衡量财务结构的优劣，可从资金的数量、资产收益率和资本成本率等方面来判断，即在资金数量能满足经营需求、资产收益率尽可能高且加权平均资本成本率尽可能低的情况下，对应的财务结构就是相对最佳的。

管理者要正确认识资本结构

资本结构是指企业各种资本的具体构成和比例关系，它主要反映企业债权人权益与所有者权益（或股权）之间的比例关系，同时也是一个能反映企业个别财务状况的一项重要指标。

资本结构是一种很关键的财务结构。对老板、管理者和财会人员来说，分析该结构时，具体分析的对象都是企业的资本。在不同的划分依据下，资本结构中的资本构成是不同的，具体如表 3-1 所示。

表 3-1　不同划分依据下的资本结构

划分依据	资本结构的内容
资本来源	资本结构中包括债务资本和权益资本
资本使用时间	资本结构中包括短期资本和长期资本

老板要牢记：企业的资本结构在很大程度上决定着企业的偿债能力、再融资能力和未来的盈利能力。比如，资本结构中权益资本远高于债务资本，则企业的偿债能力较强，相应的再融资能力也会较强，未来的盈利能力也有保障；反之，偿债能力、再融资能力和未来盈利能力低。

无论企业的资本结构中各种资本的比例关系如何，它们之间的定性关系都存在明显的层次关系，具体如图 3-1 所示。

资本结构

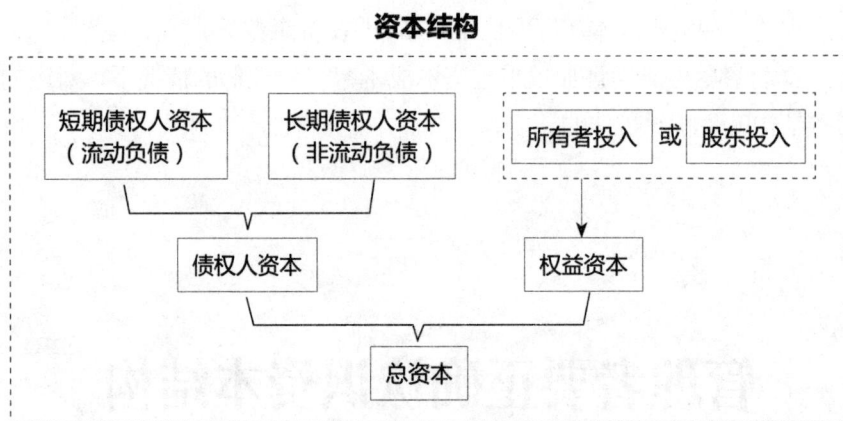

图 3-1　资本结构中各资本的层次关系

老板要知道，形成企业资本结构的各项资本均通过"筹资（即融资）"这一经济活动而取得，因此还有人或企业将资本结构称为"融资结构"。另外，资本结构中的各项资本最终都会转化为企业的各项资产，这也是资产负债表中存在"资产＝负债＋所有者权益"这一会计恒等式的原因。

怎么理解资本最终都会转化为企业的资产呢？其实不难明白，具体可从如表 3-2 所示的情况来分析。

表 3-2　资本转化为资产的过程

类型	转化过程
债权人资本转化为资产	企业向金融机构或非金融机构借得款项时，会形成短期借款和长期借款等负债，同时意味着取得债权人资本，可以用于购买原材料、商品、周转材料、厂房、机器设备和商标权等流动资产、固定资产和无形资产，也可用于对外投资，形成债权或股权投资
	企业雇佣劳动者为员工，并承诺向其支付劳动报酬，会形成应付职工薪酬和其他应付款等负债，同时意味着取得债权人资本（显然劳动者为债权人），这些劳动者为企业生产出待销售的产品，即库存商品、半成品和在产品等资产

续表

类型	转化过程
债权人资本转化为资产	企业向原材料供应商购买材料，且暂时未支付货款时，会形成应付账款和应付票据等负债，同时意味着取得债权人资本（这里供应商为债权人），而购买的这些材料会被确认为企业的资产
	企业将经营产品销售给客户，且预先收取了一定的货款时，会形成预收账款这样的负债，同时意味着取得债权人资本（这里客户为债权人），而企业实际收到的货款会计入"银行存款"或"库存现金"科目中，成为企业的资产
权益资本转化为资产	初始权益资本需分两种情况：第一，企业属于有限责任公司，权益资本即所有者投入资本，企业在接受所有者投资时，会形成实收资本和资本公积等所有者权益，同时意味着取得权益资本，也可用来购买原材料、商品、周转材料、厂房、机器设备和商标权等流动资产、固定资产和无形资产，或用来对外投资，形成债权或股权投资；第二，企业属于股份公司，权益资本即股东投入资本，企业在接受股东认股时，会形成股本和资本公积等股东权益，同时意味着取得权益资本，同样可用来购买前述的流动资产、固定资产和无形资产，或者用于投资
	再生产过程中产生的权益资本，即留存收益，包括盈余公积和利润分配。这些权益资本通过生产经营产生的利润形成，最终又用来购置企业资产或对外投资，完成权益资本向资产的转化

小贴士 *为什么预收账款是负债*

预收账款是企业在销售产品或货物前预先收取客户支付的一部分货款，实际收取时，企业还未交出商品或货物，算是企业向客户"借"的一笔款项，最终需要以产品或货物来偿还，即交付产品或货物。因此，预收账款属于企业的负债。

　　了解了资本结构与企业资产之间的关系后，老板还需站在"高处"掌握资本结构对企业经营存在的各种影响，从而对资本结构引起重视。那么，资本结构到底有哪些影响呢？来看下面3点。

　　◆　**合理的资本结构可提高企业价值**：资本结构中的债权人资本会

使企业在财务管理中形成"杠杆效应",当总资产息税前利润率高于债务成本率时,增加债权人资本就会获得财务杠杆收益,提高企业价值。但债权人资本不宜过分扩大,以免使企业陷入财务危机,甚至面临破产。

◆ **资本结构的好坏影响投资者决策**:一家企业资本结构的好坏会直接影响外部投资者对企业实力强弱的判断,从而影响投资者的投资决策和企业的价值。

◆ **资本结构影响企业经营者的经营态度**:在企业的资本结构中,若债权人资本占比较高,则经营者会更加努力地发展事业,同时做出比较正确的行为,一方面增加企业收入,另一方面减少企业可能存在的经营风险,以期能够偿还债务;若债权人资本占比较低,则经营者会认为有权益资本的大力支持,无须担心经营风险,从而消极对待企业的经营管理。

资本结构在对经营各方面产生影响的同时,也会被经营各方面存在的有关因素影响。这些有关因素如图 3-2 所示。

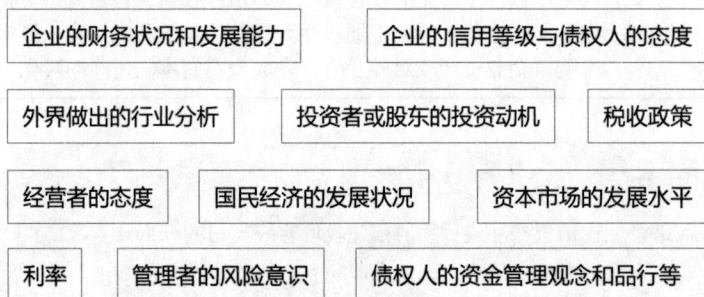

企业的财务状况和发展能力	企业的信用等级与债权人的态度
外界做出的行业分析	投资者或股东的投资动机 · 税收政策
经营者的态度 · 国民经济的发展状况	资本市场的发展水平
利率 · 管理者的风险意识	债权人的资金管理观念和品行等

图 3-2 影响资本结构的一些因素

那么,老板要如何在影响资本结构的这些因素存在的情况下,优化资本结构呢?从全局的角度看,主要是应遵循一定的优化原则,在此基础上制订具体的资本结构优化措施或方案即可。资本结构的优化原则如表 3-3 所示。

表 3-3　优化资本结构的原则

原则	说明
筹资时机适宜	在优化资本结构时，必然会引起债权人资本或权益资本发生增减变化。为了控制资本成本在一个较低的范围内，就需要考虑筹资的时机是否适宜。比如，需要增加权益资本而选择发行股票增资时，最好选择股价上涨前期发行，一方面发行工作会比较顺利，另一方面可使企业的资本成本较低
筹资组合	对企业来说，资本结构中的债权人资本的风险比权益资本的风险大，因为最终会面临偿付的问题。因此，为了保证企业具有较强的偿债能力，同时给予经营者以较大的偿债压力，就需要将债权人资本维持在一个相对平衡的状态。此时若只依靠单纯地减少债权人资本或增加权益资本，很难达到平衡状态，所以需要采用筹资组合方式，即改变债权人资本结构，同时也改变权益资本结构
资本成本最低	对企业来说，一般最佳的资本结构就是使相关方利益最大化或股东财富最大化的资本结构，也是使公司资本成本最小的资本结构。资本成本是指企业筹集和使用资本所需付出的代价。也就是说，在最优的资本结构下，企业筹集和使用资本所需付出的代价最小，即资本成本最低，资本收益率最高

综上所述，资本结构关乎企业的偿债能力、经营风险以及资本收益率等问题，因此，需要引起各企业老板的高度重视。

资本结构的决策方法

资本结构的决策是指在若干可行的资本结构方案中选出最佳资本结构的行为。当然，在做出决策前，需要利用一定的方法进行相关计算，以此得出结果，比较资本结构的优劣，从而做出选用哪种资本结构的决策。那么，资本结构的决策是否有标准？标准是什么？资本结构到底有哪些决策方法？这些都是企业老板必须要掌握的知识。

资本结构的决策有一定的标准，主要有 3 点：一是可最大限度地增加所有者的财富，使企业价值最大化；二是可使企业的加权平均资本成本最低；三是资本结构富有弹性。实务中，若同时满足这 3 点，可称得上是最佳的资本结构。下面就来具体了解资本结构的一些决策方法。

1. 资本成本比较法

不考虑各种筹资方式在数量、比例和财务风险等方面的差异，计算各种以市场价值为准的长期筹资组合方案的加权平均资本成本，再根据计算结果选择加权平均资本成本最低的方案，并将其确定为最优资本结构，这就是资本成本比较法。不同资本，资本成本率的计算公式是不同的，具体如图 3-3 所示。

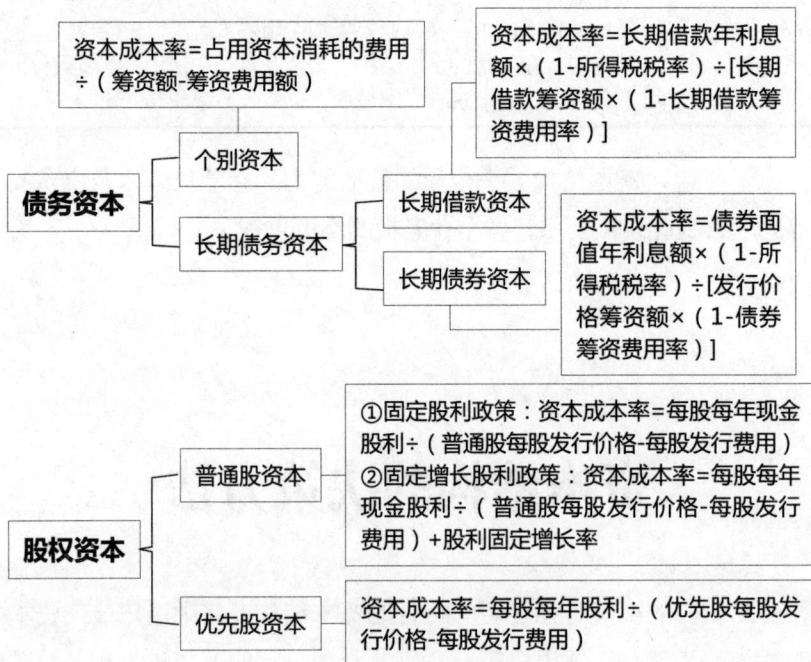

图 3-3　各种资本的资本成本率计算公式

【案例分析】——利用资本成本比较法选择初始资本结构

某企业在初始创建时，拟筹资 6 000 万元，相关经营者制订了两种筹资方案，但最终必须要选出最佳初始资本结构。已知该企业的所得税税率为 25%，这两种方案的具体情况如表 3-4 所示。

表 3-4 两种筹资方案

筹资方式	甲方案（万元）	乙方案（万元）
长期借款	6 000	2 000
发行股票	0	4 000

长期借款的筹资费用率为 2%，期限 3 年，年贷款利率为 8%；发行的普通股每股发行价格为 3 元，发行费用为 0.25 元，预计每年分派现金股利每股 0.3 元，且预计实行固定股利政策。

甲方案资本成本率 =6 000×8%×（1−25%）÷[6 000×（1−2%）]

=6.12%

乙方案资本成本率 =2 000×8%×（1−25%）÷[2 000×（1−2%）]×（2 000÷6 000）+0.3÷（3−0.25）×100%×（4 000÷6 000）=9.31%

比较甲乙两种方案的资本成本率可知，甲方案资本成本率比乙方案资本成本率低，因此，该企业初始创建时选择全部资金通过长期借款取得更有利。

企业在计算组合筹资方案时，资本成本率要计算综合资本成本率。也就是说，综合资本成本率 = 第一种资本成本率 × 该资本占总资本的比例 + 第二种资本成本率 × 该资本占总资本的比例 +……+ 第 n 种资本成本率 × 第 n 种资本占总资本的比例。

采用资本成本比较法来决策企业的资本结构，计算工作比较简单，但这只是单纯地算出了各种筹资方案的资本成本率，没有区分这些方案各自存在的风险，而且有时也难以测量各种筹资方案的具体成本。这种方法适用于资本规模较小、资本结构较简单的企业。

2. 每股收益无差别点法

每股收益无差别点是指每股收益不受筹资方式影响时的销售水平（即息税前利润），因为每股收益的高低不仅会受资本结构的影响，还会受销售水平的影响，所以企业可利用每股收益无差别点，分析判断在某种销售水平下适用哪种资本结构最好。

实际运用时，按照相应的计算步骤得出结果，最终做出决策。

①计算出两种资本结构的普通股每股收益相等时的息税前利润（即每股收益无差别点）分别是多少。

②计算出息税前利润高于这一无差别点时两种资本结构的普通股每股收益分别是多少。

③计算出息税前利润低于这一无差别点时两种资本结构的普通股每股收益分别是多少。

④选出某种息税前利润条件下，哪种资本结构更好。

相关计算公式如下。

$$\frac{(\overline{EBIT}-I_1) \times (1-T)}{N_1} = \frac{(\overline{EBIT}-I_2) \times (1-T)}{N_2}$$

上述公式中，$\overline{EBIT}$ 表示每股收益无差别点，即息税前利润平衡点；I_1 和 I_2 表示两种资本结构下的长期债务年利息；N_1 和 N_2 表示两种资本结构下的普通股股数；T 为企业所得税税率。下面通过一个具体案例学习如何使用每股收益无差别点法选择资本结构。

【案例分析】——利用每股收益无差别点法选择追加筹资资本结构

某企业当前资本结构为：长期债权资本 6 000 万元，权益资本（普通股）8 000 万元。现在公司打算追加筹资 2 000 万元，且要么全部增加长期债权人资本，要么全部增发普通股。资本结构的具体情况如表 3-5 所示。

表3-5　追加筹资前后的资本结构情况　　　　　　　单位：万元

项目	目前资本结构		追加筹资后的资本结构			
	金额	比例（%）	增加长期债权资本		增发普通股	
			金额	比例(%)	金额	比例(%)
长期债权资本	6 000	42.86	8 000	50	6 000	37.5
权益资本	8 000	57.14	8 000	50	10 000	62.5
资本总额	14 000	100	16 000	100	16 000	100
长期债务年利息	480		640		480	
普通股股数	2 000		2 000		2 400	

　　将增加长期债权资本后的资本结构命名为"1"，将增发普通股后的资本结构命名为"2"。已知该公司企业所得税税率为25%，利用计算公式可求得每股收益无差别点。（利息率为8%）

$$\frac{(\overline{EBIT}-640)\times(1-25\%)}{2\ 000}=\frac{(\overline{EBIT}-480)\times(1-25\%)}{2\ 400}$$

$$\overline{EBIT}=1\ 440（万元）$$

　　也就是说，当企业的息税前利润为1 440万元时，增加2 000万元的长期债权资本与增发2 000万元的普通股所形成的资本结构的普通股每股收益水平是一样的。如果息税前利润为1 400万元，则上述两种筹资方式下的资本结构对应的普通股每股收益情况如表3-6所示。

表3-6　低于无差别点时的两种资本结构每股收益　　　单位：万元

项目	增加长期债权资本	增发普通股
息税前利润	1 400	1 400
减：长期债务年利息	640	480
税前利润	760	920
减：所得税（25%）	190	230
税后利润	570	690
普通股股数（万股）	2 000	2 400
普通股每股收益（元）	0.285	0.288

由此可见，当企业的息税前利润低于每股收益无差别点时，应选择增发普通股，即增加权益资本。

如果息税前利润为 1 500 万元，则上述两种筹资方式下的资本结构对应的普通股每股收益情况如表 3-7 所示。

表 3-7　高于无差别点时的两种资本结构每股收益　　单位：万元

项目	增加长期债权资本	增发普通股
息税前利润	1 500	1 500
减：长期债务年利息	640	480
税前利润	860	1 020
减：所得税（25%）	215	255
税后利润	645	765
普通股股数（万股）	2 000	2 400
普通股每股收益（元）	0.323	0.319

由此可知，当企业的息税前利润高于每股收益无差别点时，应选择增加长期债权资本。

采用每股收益无差别点法来决策企业的资本结构，虽然算出的结果比较符合实际，且计算过程容易理解，但计算工作比较复杂，且没有考虑财务风险，同时其决策目标是实现股东财富最大化或股票价值最大化，而不是企业价值最大化。

因此，每股收益无差别点法适用于资本规模不大、资本结构不太复杂的股份公司。

3. 企业价值比较法

在充分考虑企业财务风险的情况下，以企业价值的大小为标准，判断出最优资本结构，这就是企业价值比较法。换句话说，使企业价值最大的资本结构就是最优的。此时，企业的总价值会有不同的计算方法，具体如表 3-8 所示。

表 3-8 企业总价值的不同计算方法

不同方法	计算公式
企业价值＝未来净收益的现值	企业价值＝企业未来每年净收益（年金）÷企业未来净收益的折现率
企业价值＝企业股票的现行市场价值	企业价值＝企业股票股数 × 交易日每股市场价格
企业价值＝长期债务折现值＋股票折现值	长期债务折现值＝债务本金 股票折现值＝（息税前利润－利息额）×（1－所得税税率）÷普通股投资必要报酬率 综合资本成本率＝长期债权资本税前资本成本率 × 债务折现值 ×（1－企业所得税税率）÷企业价值＋普通股投资必要报酬率 × 股票折现值 ÷企业价值 普通股投资必要报酬率＝无风险报酬率＋股票贝塔系数 ×（所有股票市场报酬率－无风险报酬率）

由于上表中第一种计算方法的未来每年净收益不易确定，且很难保证每年净收益都相等，同时未来净收益的折现率也不易确定，因此，在实务中很少运用。相同的原因，第二种计算方法的股票交易日每股市场价格在不断变化，每个交易日的市场价格一般都是不同的，因此计算结果不太准确。下面就以第三种方法为例，做详细介绍。

【案例分析】——利用企业价值法选择资本结构

假设某企业现有资本结构中全部是权益资本，且全部为普通股，总价值为 5 000 万元。企业经营管理者认为这种资本结构不合理，预向银行借入一定的长期借款来购回部分普通股，借此调整资本结构。已知企业所得税税率为 25%，且无风险报酬率为 10%，所有股票市场报酬率为12%，当前资本结构下股票的 β 系数为 1.1。如表 3-9 所示的是企业在不同的长期债权资本结构下的普通股必要报酬率的计算结果。

假设企业预计息税前利润为 7 000 万元，则企业借入多少长期借款时才能使资本成本率最低，由此确定最佳资本结构呢？

表3-9　不同债权资本结构下的股票投资必要报酬率

债权资本（万元）	无风险报酬率（%）	β	所有股票市场报酬率（%）	普通股投资必要报酬率（%）
0	10	1.1	12	12.2
2 500	10	1.2	12	12.4
5 000	10	1.3	12	12.6
7 500	10	1.45	12	12.9
10 000	10	2	12	14

在表3-9中，当债权资本为2 500万元，β为1.2，普通股投资必要报酬率=10%+1.2×（12%-10%）=12.4%。

以此类推，就可计算出表中的其他债权资本结构下的普通股投资必要报酬率。接着，假设该企业长期债权资本税前资本成本率的情况如表3-10所示，债权资本的利息率为8%，计算出表中所示的各债权资本结构下的综合资本成本率。

表3-10　不同债权资本结构下的公司价值和综合资本成本率

债权资本（万元）	长期债权资本税前资本成本率（%）	普通股投资必要报酬率（%）	股票折现价值（万元）	企业价值	综合资本成本率（%）
0	0	12.2	43 032.79	43 032.79	12.2
2 500	11	12.4	41 129.03	43 629.03	12.16
5 000	12	12.6	39 285.71	44 285.71	12.2
7 500	13.5	12.9	37 209.3	44 709.3	12.44
10 000	15.5	14	33 214.26	43 214.26	13.45

在表3-10中，当债权资本为0万元，息税前利润为7 000万元，长期债权资本税前资本成本率为0，普通股投资必要报酬率为12.2%，利息

率为 8% 时，股票折现价值 =[（7 000-0×8%）×（1-25%）]÷12.2%= 43 032.79（万元），此时，企业价值 = 股票折现价值 =43 032.79（万元）。

综合资本成本率 =0×（0÷43 032.79）×（1-25%）+12.2%×（43 032.79÷ 430 32.79）=12.2%

同理，债权资本为 2 500 万元，息税前利润为 7 000 万元，长期债权资本税前资本成本率为 11%，普通股投资必要报酬率为 12.4%，利息率为 8% 时，股票折现价值 =[（7 000-2 500×8%）×（1-25%）]÷12.4%= 41 129.03（万元），此时，企业价值 = 长期债务折现价值 + 股票折现价值 =2 500+41 129.03=43 629.03（万元）。

综合资本成本率 =11%×（2 500÷43 629.03）×（1-25%）+12.4%× （41 129.03÷43 629.03）=0.47%+11.69%=12.16%

以此类推，当债权资本为 5 000 万元时，股票折现价值 =39 285.71（万元），企业价值 =5 000+39 285.71=44 285.71（万元），综合资本成本率 = 1.02%+11.18%=12.2%。

当债权资本为 7 500 万元时，股票折现价值 =37 209.3（万元），企业价值 =7 500+37 209.30=44 709.3（万元），综合资本成本率 =1.7%+10.74%= 12.44%。

当债权资本为 10 000 万元时，股票折现价值 =33 214.26（万元），企业价值 =10 000+33 214.26=43 214.26（万元），综合资本成本率 =2.69%+ 10.76%=13.45%。

从表 3-10 的计算结果可知，当企业追加债权资本为 2 500 万元时，综合资本成本率最低，为 12.16%，但此时企业价值 43 629.03 万元并不是最高的；而当债权资本为 7 500 万元时，企业价值 44 709.3 万元是最高的，而此时综合资本成本率 12.44% 并不是最低的。

若采用企业价值比较法，则该企业应选择长期借款 7 500 万元来回购普通股；若站在资本成本比较法的角度，则该企业应选择长期借款 2 500 万元来回购普通股。由于该企业的企业价值最大化下的资本结构与资本成本率最低时的资本结构不一致，因此，只能在相关前提条件下确定最佳资本结构。

> **小贴士** *资本成本率在资本结构中的运用*
>
> 财会工作实务中，资本成本率的计算和表达会因为筹资方式或筹资时间的不同而不同，可概括为如下3点。
>
> ①初始筹资，计算某一种筹资方式的资本成本率，用个别资本成本率。
>
> ②初始筹资，计算某种筹资组合方式的资本成本率，用综合资本成本率。
>
> ③追加筹资，计算筹资方式或筹资组合方式的资本成本率，用综合资本成本率或边际资本成本率。

老板感兴趣的股权结构

股权结构特指股份公司中不同性质的股份有哪些以及各自所占的比例关系，其中，不同性质的股份对应不同的股东，如国家股东、法人股东和社会公众股东等。从股权结构的含义来看，其结构类型可根据各种股份的占比情况来划分，如表3-11所示。

表3-11　股权结构的类型

类型	说明
股权高度集中	企业有绝对控股股东，且一般拥有企业50%以上的股份，对企业拥有绝对的控制权
较大相对控股	企业有较大的相对控股股东，也有其他大股东，且所持股份比例在10%～50%之间
股权高度分散	企业没有大股东，所有权和经营权基本完全分立，单个股东所持股份的比例均在10%以下

那么，股权又是什么呢？股权即股票对应的权益，具体是指股票持有者拥有的与股票比例对应的权益。

在股份公司的经营管理过程中，股权结构会影响企业的组织结构，进而决定企业的行为和最终可以达到的经营绩效。

股权占比情况由资本投入多少决定，资本通常包括货币、技术和知识、自然资源和人力资本等，这些资本也都是股份公司的资源，对公司起着不同的作用，所处地位也会不同，具体如图 3-4 所示。

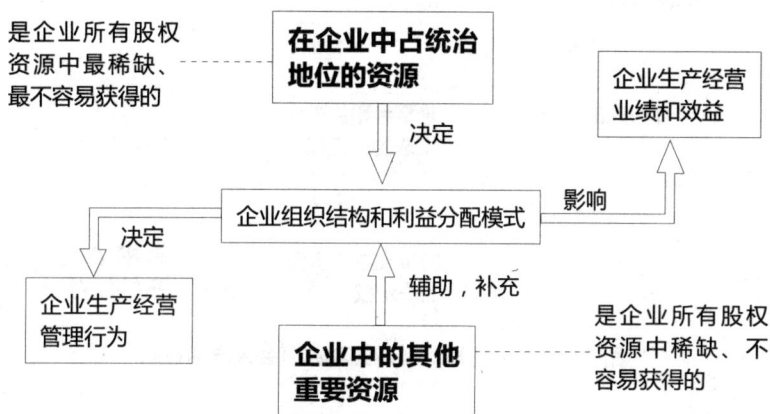

图 3-4　股份公司中各资源的作用和所处地位

很多老板都不太清楚，股权结构对企业各级人员来说意味着什么，下面通过图 3-5 ～图 3-7 所示的结构做概括说明。

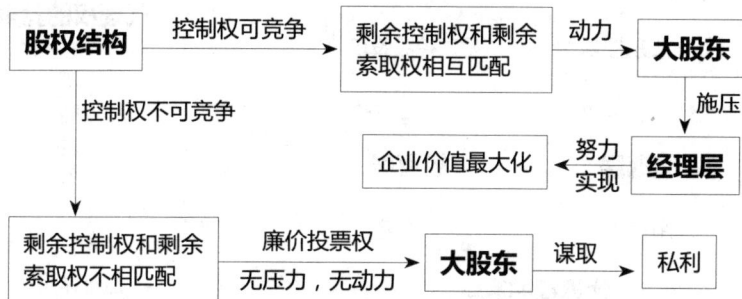

图 3-5　股权结构对股东行为的影响

```
          股权结构
            │决定
            ▼
      董事会和监事会
         的人选
       ┌────┴─────┐
  控制权可竞争      控制权不可竞争
       │              │
       ▼              ▼
  董事会和监事会    绝对控股地位
   人选合理          的股东
       │代表           │垄断
       ▼              ▼
  全体股东的利益    董事会和监事会
                   人选的决定权
                       │获取
                       ▼
                  董事会或监事会   无法    各中小股
                   的决定权       保障    东的权益
```

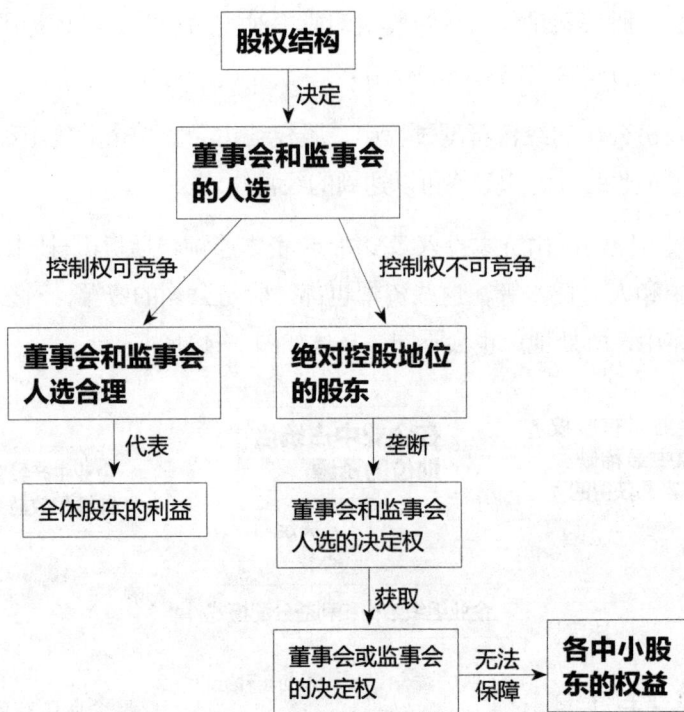

图 3-6 股权结构对董事会和监事会人选的影响

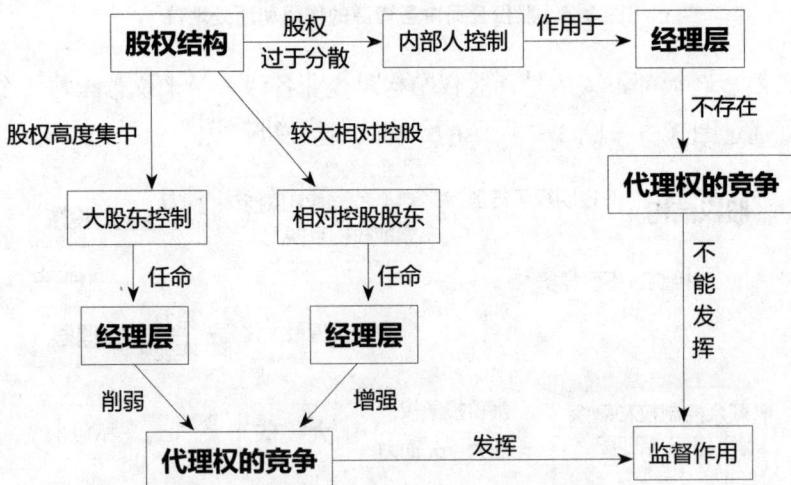

```
  股权结构    股权      内部人控制   作用于    经理层
  ┌──┴──┐  过于分散                           │
股权高度集中  较大相对控股                    不存在
  │          │                               ▼
  ▼          ▼                          代理权的竞争
大股东控制  相对控股股东                       │
  │任命       │任命                         不能
  ▼          ▼                            发挥
经理层      经理层                           │
  │削弱       │增强                          ▼
  ▼          ▼                          监督作用
  代理权的竞争        发挥
```

图 3-7 股权结构对经理层的代理权竞争性的影响

由此可见，股权结构是否合理是企业老板必须要考虑的问题。而要使股权结构合理，就需要股权的分配机制相对合理，这就要遵循一定的分配原则，相关内容如表 3-12 所示。

表 3-12　股权分配应遵循的原则

原则	内容
投入、贡献与股权匹配	可以根据各股东对企业的投入与贡献等来分配股权，保证各股东的利益都能得到最大程度的保障。显然，投入与贡献较多的，获取较多股权
创始人身份、经营风险等与股权匹配	要分清主创始人和联合创始人的身份，根据职位或角色的重要程度，或者对企业经营的影响程度，以及承受的经营风险的大小等，分配股权。一般来说，主要创始人或对企业经营的影响较大的重要人，或者承受了较大经营风险的人，应获取较多股权
不均分	股权尽量不要平均分配
人才与资金共同决定股权的分配	要结合人才重要性和资金重要性，同时权衡两者之间的关系，进行股权分配。既不能单纯地给主要创始人更多的股权，也不能单纯地给投入资金较多的人更多的股权
"交易性"股权占比应小	对于企业因特定业务或临时经营需要，而将部分股权分配给特殊的人群，如相关技术顾问、特殊资源提供单位等，这时的"部分股权"不能占企业总股权的较高比例，防止企业失去控制权
预留股权	适当预留部分股权，以备日后能以此作为条件，顺利引进高新技术人才。一般来说，初创公司可预留 15% ~ 20% 的股权，若初创时的核心团队不够完整，还需日后完善，则应预留更多股权
不一次性授予	企业在分配股权时，要约定股权的成熟期，同时设置合理、有效的退出机制，防止股权受损
股东人数不宜过多	企业在组织确定股权结构时，股东人数不能过多，以免造成股权太过分散而丢失企业控制权的不利后果

小贴士 *平均分配股权的弊端*

若企业平均分配股权，会导致企业没有明显的领导者，同时还无法激励各个股东积极处理企业的经营管理事务，后期也容易出现控制权纠纷。

【案例分析】——平分股权导致的控制权纠纷

北京某高新技术公司最初由一对夫妇合伙创立，双方当时各投入800万元资金，于是决定各占公司50%的股份，夫妇二人在不同的方面分别对公司具有控制权。通过两人的不懈努力，公司规模逐渐扩大。

然而，经营管理工作日渐烦琐、复杂，夫妇二人在这上面的分歧越来越大，甚至影响到两人的婚姻生活，导致离婚。

问题来了，这两人离婚后，不再有情感的牵绊，都以工作利益为最高目标。因此，都想要削弱对方在公司的实力，进而拥有对公司的绝对控制权。在争权过程中，双方僵持不下，闹到法院，且各自不愿意退让，控制权的纠纷迟迟没有解决。

上述案例中，夫妇二人平分公司的股权，导致公司从开始发展，两人在公司管理中就具有同等的实力和价值，使得最后产生控制权纠纷时，双方如果都不想退让，则控制权就无法实现绝对掌握在其中一方的局面，进而导致控制权纠纷不能及时解决，后期肯定会影响公司的正常运营，最终得不偿失。

认识并优化企业的资产结构

资产结构是指企业拥有的各种资产及其占总资产的比例关系，资产结构的含义范围小于资本结构的含义范围。资产结构中的"资产"一般指流动资金、有形资产和无形资产，其中流动资金包括库存现金和银行存款；有形资产包括原材料、周转材料、库存商品、厂房、机器设备和各种办公用品等；无形资产包括土地、商标权、专利权和特许经营权等。

企业老板可通过学习资产结构的类型、影响因素和优化措施来认识资产结构，同时学会优化资产结构。

1.资产结构的类型

要作出资产结构决策，认识资产结构的类型很有必要。通常企业根据流动资产占总资产的比重大小来确定企业的资产结构类型，具体有如表 3-13 所示的 3 种。

表 3-13　企业资产结构的类型

类型	特征	优劣
保守型	流动资产占总资产的比重偏大	资产的流动性较好，可降低企业的经营风险；但非流动资产占比较小，资产收益率不高，企业盈利水平会偏低
稳健型	流动资产和非流动资产在总资产中的占比关系较平衡	既能保证资产有相对较好的流动性，降低企业经营风险，又能提高非流动资产的相对收益水平
风险型	流动资产占总资产的比重偏小	资产的流动性和变现能力都较弱，会增加企业的经营风险，包括财务风险；但非流动资产占比较大，资产收益率会偏高，企业盈利水平也会相应提升

2.资产结构的影响因素

企业在经营过程中，资产结构是不断变化的，需要注意的是使其变化的因素有很多，常见的因素有如表 3-14 所示的 4 种，老板必须了解清楚。

表 3-14　影响企业资产结构的因素

因素	说明
企业规模	企业规模包括企业的偿债能力、信用和声誉等，企业规模较大时，一般偿债能力较强，信用和声誉都较好，此时企业可通过较少成本筹资，增加企业的流动资产比例
行业特点	不同的行业对最佳资产结构的要求是不同的，比如高新技术企业的固定资产一般较少，而无形资产和人才资产的比例较高；生产性企业的固定资产偏多，无形资产和人才资产偏少等

续表

因素	说明
经济周期	在企业发展初期，投入大，销售收入低，但库存增多，几乎无投资机会，此时企业资金紧张，货币资产比例远小于流动资产和固定资产的比例；成长期，投入大，销售收入逐渐增加，库存平衡，但投资机会很少，此时企业资金可维持正常经营，流动资产与非流动资产的比例关系趋于平衡；成熟期，投入稳定，销售收入较高，库存较低，投资机会增大，此时企业资金充裕，流动资产比例偏高；衰退期，投入减小，收入萎缩，库存减少，投资机会不多，此时企业资金可能闲置，流动资产比例偏高，同时非流动资产的收益率降低
管理水平	企业管理水平低，资产结构很可能不合理；反之，管理水平高，可有效调整资产结构，使之尽可能合理

除了表中所述的影响企业资产结构的因素外，还存在其他一些影响因素，这里不再一一列举。

3. 资产结构的优化

相信很多企业老板都面临过经营中资本回报率过低的问题，这是因为企业内部拥有过多的非经营性资产，即不能直接为企业创造经济利益流入的资产。那么，优化资产结构的关键就是要减少非经营性资产，相关措施可概括为以下两点。

◆ **适当增加债权融资和租赁融资**：债权融资为企业带来的资金可提供更多的扩张机会，同时给经营管理者施加偿还债务的压力，促使其积极进行经营管理；而租赁融资可减缓企业的借款压力和投资压力，以较低的成本获取相应的经营性资产。

◆ **及时处理非核心资产**：企业在经营过程中不断使用各种资产，资产被消耗后，其价值会逐渐降低。如果企业及时处理这些非核心资产，就会降低企业的资产管理成本，从而提高核心资产的供给和管理水平，提升企业的资产收益率，使资产结构更合理。

第 **4** 章

做好财务预算才能更稳定地发展

财务预算是企业对未来一定期间内可能发生的现金收支、经营成果和财务状况等进行的事先预测和估算，它由一系列财务管理活动构成，如预算编制、内部控制和业绩考核等。财务预算通过预算来控制成本、费用，预估收入、利润，从而确保企业实现其年度经营目标。

了解全面预算管理的构成和流程

相信很多企业老板都知道，全面预算管理涉及企业经营管理的方方面面，从作用范围来说，全面预算管理远远大于财务预算的作用范围。在具体认识财务预算之前，先来看看全面预算管理的相关知识。

1. 不同划分依据下的全面预算管理内容

全面预算是一系列具体计划，即通过分析和预测企业内外部环境，调配相应的资源，然后对企业未来一定时期的经营状况和财务情况做出具体的计划。实务中，全面预算管理有如下所示的一些明显特征。

◆ 全面预算管理会形成规范的书面文件，如预算计划书。

◆ 形成的书面文件会将预算计划数字化、表格化、图像化和明晰化。

◆ 在工作参与度方面达到"全员、全方位、全过程"的"三全"效果。

上述特征中的"三全"效果表现，具体如表4-1所示。

表4-1 全面预算管理的"三全"效果

效果	解释
全员	即整个企业中的所有员工，包括各部门、各岗位和各级人员
全方位	指企业的全部经济活动都要纳入全面预算管理体系中
全过程	指各项经济活动的事前、事中和事后等环节都要纳入全面预算管理的过程或环节

为了便于理解全面预算管理，同时掌握具体工作内容，可按一定的划分依据，将其包括的内容进行分类。如表4-2所示。

表 4-2　全面预算管理的细分内容

划分依据	细分内容	举例
按涉及的业务活动的领域分	营业预算	如销售预算、生产预算和成本费用预算等
	财务预算	如资产负债表预算、利润表预算、现金流量预算等
	投资预算	如资本预算、投资收益预算等
按预算期的长短分	长期预算	如长期资本融资预算、研究与开发预算等
	短期预算	如采购预算、现金预算和费用预算等
按预算的针对性分	专门预算	如原材料预算、销售费用预算、制造费用预算、生产成本预算和销售预算等
	综合预算	如资产负债表预算、利润表预算和现金流量预算等

2. 全面预算管理的流程

全面预算管理的流程并不复杂，可清楚地分为如图 4-1 所示的 5 个环节。

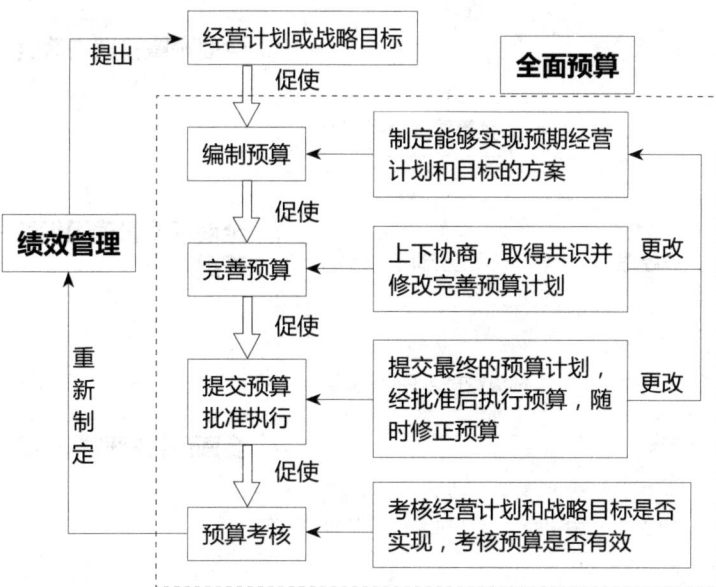

图 4-1　全面预算管理的流程

上图所示的全面预算管理流程中，相关步骤具体说明如表 4-3 所示。

表 4-3　全面预算管理中各步骤的说明

步骤	说明
经营计划或战略目标	经营管理者结合企业的内外部环境，制定出合理的总目标和部门分目标，并向下传达给企业所有员工
编制预算	各职能部门根据实际需要编制本部门的预算方案，向上呈报
完善预算	上级领导审查各部门提交的预算方案初稿，给出意见，下发再修改
执行预算	各部门提交各自的最终预算方案，审查通过后各自执行预算计划
预算考核	预算期届满，各部门考核各自在该预算期的经营绩效，并向上反馈

由于全面预算管理达到了"三全"的效果，因此企业中的所有人和机构都会参与到全面预算工作中，他们在该项工作中所扮演的角色如图 4-2 所示。

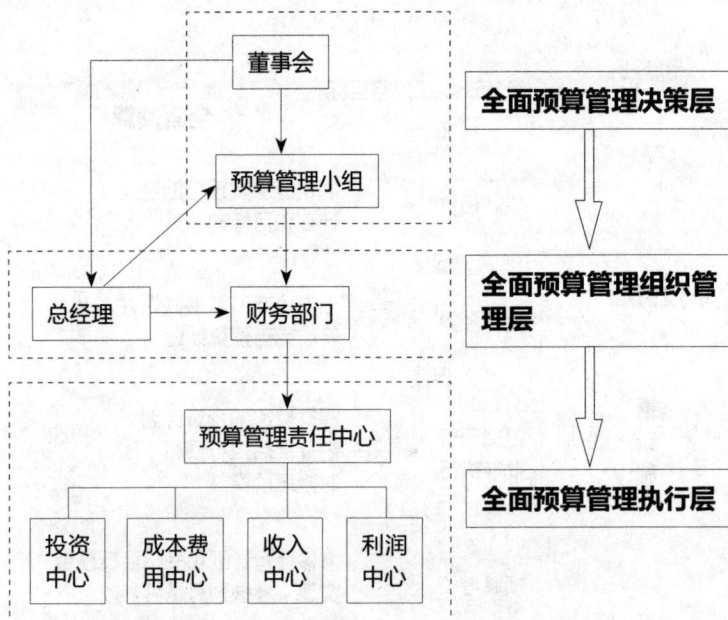

图 4-2　企业内部各机构在全面预算管理中的角色

老板们要知道，不同的企业在经营规模、组织结构以及所处行业等方面都是千差万别的，为了使预算管理能更好地发挥作用，就必须采用不同的、适合自身企业发展的全面预算管理组织体系，其中的具体设置也要根据实际情况而定，切忌照搬。

3. 全面预算管理的作用

很多老板不明白，为什么越来越多的现代企业乐于进行全面预算管理？这当然要从其可发挥的作用说起，如表 4-4 所示。

表 4-4　全面预算管理的作用

作用	说明
有利于实现开源节流	全面预算管理的实施就是在对企业经营环境进行合理分析的基础上，预估可能消耗的成本是多少，可能达到的收益有多少，进而将预估数据作为经营标准，规范企业的经营行为，使企业不过分支出，也不过于保守，节约资金流出数额的同时，开拓资金流入的途径
加强企业的监控与考核	全面预算管理在执行过程中，任何经营业绩或管理绩效都要与最初编制的全面预算管理进行比对，从而监督企业内部各方积极处理工作，控制人员可能做出的舞弊行为，考核经营者、管理者和员工等各自的工作效益
可有效管控经营风险	全面预算管理虽然是对下一经营期间的"预算"，但因为编制时结合了企业的经营环境，因此，该"预算"也能初步反映企业下一经营期间的经营情况，包括预先知晓企业可能存在的问题和经营风险。对此，企业经营者就可根据预算结果，预先采取相应的防范措施，进而有效规避、分散甚至化解风险
可使企业各方资源得到高效使用	全面预算管理的编制需考虑到企业经营管理的各个方面，因此涉及的企业资源也是非常丰富的，再加上全面预算管理的目的是使企业实现其经营计划和战略目标，所以这就会要求企业高效使用自身拥有的各项资源
可促进企业提升战略管理能力	企业通过实施全面预算管理，可将企业的经营计划和战略目标等量化、具体化和稳固化，使经营计划和战略目标在企业内部实实在在"落地"，并将预算的执行和战略目标的实现捆绑在一起，做好了全面预算管理工作，就在一定程度上提升了战略管理能力

全面预算管理涉及的面非常广，因此很难一蹴而就，实务中要经过反复的编制和修改，才能最终编制出适合企业自身发展的预算计划。

财务预算及其审查、分析和调整

财务预算是在一个经营期间开始前财会人员需要做的工作，它可起到控制、监督和管理财务的作用，因此也带动着企业的财会工作从核算型逐渐转变为管理型。由此看来，财务预算工作中也少不了像老板这样的经营管理者参与。下面来看看财务预算管理的大致流程，如图4-3所示。

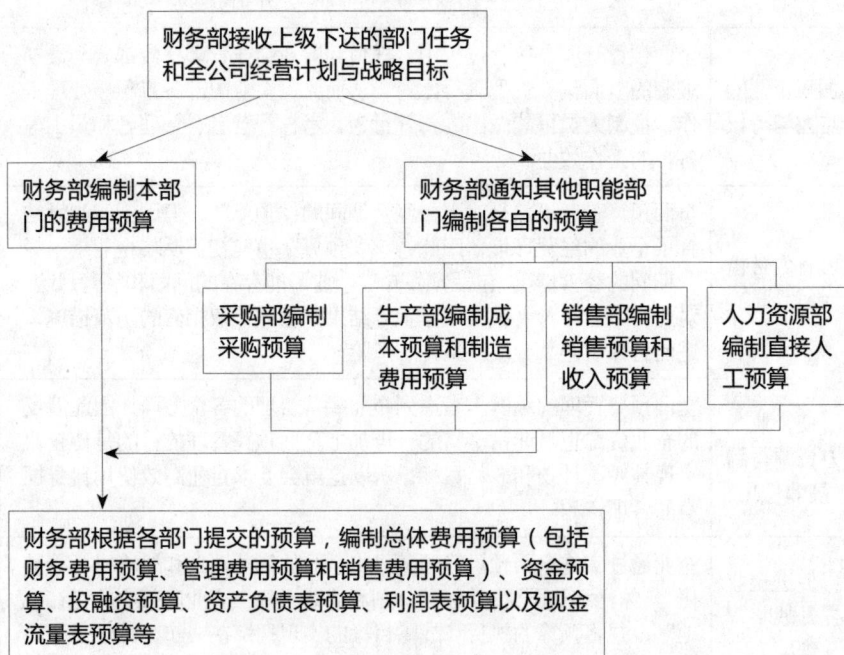

图 4-3　财务预算管理的大致流程

由上图可见，企业的财务预算工作需要多个部门的配合，最终在财务部进行汇总，再进行其他财务方面的预算，因此财务预算管理是全面预算管理中的重点，其审查、分析和调整都必须严格对待。

1. 财务预算的审查

财务预算关乎整个企业预算管理体系的完整程度，因此其最终的预算结果需要相关负责人、经营管理者或者老板层层把关。下面从审查部门和审查内容来了解财务预算的审查工作。

◆　财务预算的审查部门

这里所说的"部门"不一定是企业设置的某一个职能部门，它也可能是某个专项管理小组。规模较小的企业，财务预算一般由财务部负责人进行初审，然后提交给老板或企业负责人复审，最终敲定；而规模较大的企业，财务预算一般由专门成立的预算工作小组进行初审和复审，然后提交给老板或相关的经营管理者终审，最终敲定。

◆　财务预算的审查内容

对于企业编制的财务预算，相关审查人员或机构具体需要审查哪些内容呢？如图 4-4 所示。

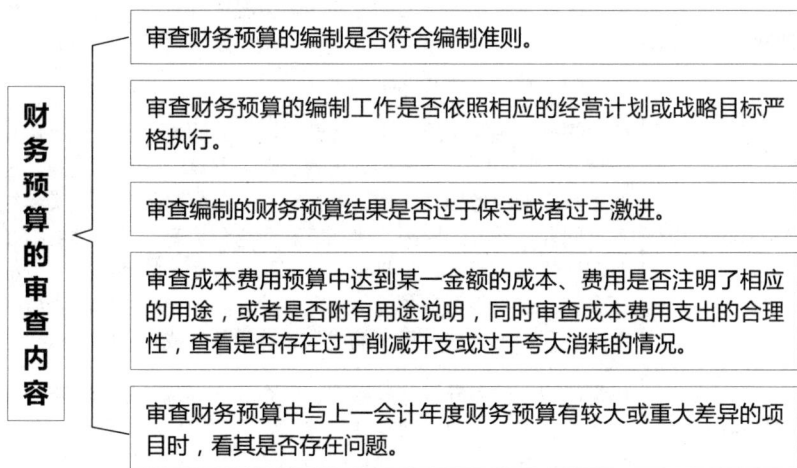

财务预算的审查内容
审查财务预算的编制是否符合编制准则。
审查财务预算的编制工作是否依照相应的经营计划或战略目标严格执行。
审查编制的财务预算结果是否过于保守或者过于激进。
审查成本费用预算中达到某一金额的成本、费用是否注明了相应的用途，或者是否附有用途说明，同时审查成本费用支出的合理性，查看是否存在过于削减开支或过于夸大消耗的情况。
审查财务预算中与上一会计年度财务预算有较大或重大差异的项目时，看其是否存在问题。

图 4-4　财务预算的审查内容

2. 财务预算的分析

在财务预算正式确定并下达之前，对预算的指标进行的分析调整工作，就是财务预算的分析。

包括财务预算在内的企业预算管理是落实企业战略的具体行动方案，要使财务预算目标与企业发展目标一致，就必须使财务预算更精准，这必然需要经营者和相关责任人对编制的财务预算进行合理、客观且深入的分析，找到不足之处，改正后即可完善财务预算，进而达到前述目的。

老板或者财会人员在进行财务预算分析时，需要遵循一些基本要求，如表 4-5 所示。

表 4-5　财务预算分析的基本要求

基本要求	说明
明确分析目标	要在已经执行了的财务预算工作中发现财务预算存在的问题，并根据这些问题确定分析的目标，拟定分析工作的提纲
收集佐证资料	对财务预算进行分析时，必须要有相关资料进行佐证，为分析工作提供依据。如采购、生产、销售、筹资和投资等方面的文字、数据资料
对比预算和实际	要将前期预算结果与后期经营实际情况进行对比，据此来分析财务预算与实际成果之间的差异，从而发现财务预算中的好与坏、利与弊以及保守或激进等
深究差异的原因	得出的财务预算结果与实际经营情况之间的差异，还只停留在数据或文字表面上，要想真正找到财务预算中存在的问题，进而不断完善财务预算工作，就必须深入探究财务预算与实际经营之间存在差异的原因。比如，利润与预算有差异，则要看各月利润的完成程度，看是销售的问题还是成本的问题等。老板要牢记，在寻找财务预算与实际经营之间差异的原因时，要抓关键问题，不要局限于小的成本、费用开支或营业收入
提出措施改预算	根据已找出的差异及差异原因，以企业的经营计划和战略目标为标准，提出更改当前存在问题的财务预算的相关措施，使之与实际经营情况的差异尽可能减小

3. 财务预算的调整

实际上,在财务工作中,财务预算的调整并不局限于财务预算的分析,也就是说,只要在执行财务预算的过程中,一旦发现预算有明显或重大的错误,就需要及时调整。但是,调整财务预算这件事关系到整个企业的生产经营计划和战略目标的确定和落实,因此,不能随便调整,而要遵守一定的原则,具体内容如下。

◆ 不影响预算目标的财务预算,可由预算执行机构自行采取有效措施进行调整,保证实现预算目标。

◆ 要影响预算目标的财务预算,需由预算执行机构编写调整财务预算的书面报告,然后逐级向上提交,由财务管理部门和经营管理者审核分析该书面报告,批准后才可进行调整。

◆ 调整后的财务预算不能偏离企业的经营计划、发展战略和年度预算目标。

◆ 拟对财务预算进行的调整方案,要能在经济上实现最低成本率。

◆ 财务预算的调整内容应集中在重要的、非正常的、不合理的关键性差异方面。

财务预算经过不断地调整,才能越来越符合实际经营管理的需求,从而使财务预算发挥真正的效用。

财务预算讲方法

企业财务预算的编制需要讲究一定的方法,这样才能保证编制的财务预算能真实体现企业未来的经营状况。那么,财务预算具体有哪些编制方法呢？如表 4-6 所示。

表 4-6　编制财务预算的各种方法

划分依据	类型	解释
业务量是否固定	固定预算	又称静态预算，指将预算期的业务量固定为某一值，然后确定其他项目预算值的一种预算方法
	弹性预算	又称动态预算，指将所有成本费用分为变动成本和固定成本两大部分，变动成本具有明显弹性空间的预算方法
是否有预算基期	零基预算	无预算基期，指不考虑过往的情况，将所有预算以零为基础，根据实际需要和可能的情况，分析各项预算是否合理，从而确定预算结果的一种预算方法
	增量预算	有预算基期，指在选定的基期成本费用水平的基础上，结合预算期的业务量水平，调整有关预算支出的一种预算方法
预算期是否与会计年度挂钩	定期预算	以会计年度为单位编制财务预算的一种方法
	滚动预算	又称永续预算，预算期不与会计年度挂钩，每过一个月就调整和修改后几个月的预算，逐期滚动编制财务预算的一种预算方法

　　针对上述财务预算中各种方法的特点，在实际经营时也就存在各自适用的范围，企业老板需要了解，具体如表 4-7 所示。

表 4-7　各种财务预算编制方法的适用范围

方法	适用范围
固定预算	只适用于业务量水平比较稳定的单位
弹性预算	原则上适用于所有业务量水平的单位，但尤其适用于各种弹性成本、费用和弹性利润的预算项目
零基预算	适用于产出很难确定的大部分服务性企业
增量预算	适用于大多数企业，尤其适用于需要分析前后各期与基期情况之间的变化趋势的财务预算

续表

方法	适用范围
定期预算	适用于需要考核和评价预算执行结果的情况
滚动预算	适用于企业想要更精准掌控日后经营状况的情况

为了更清晰地理解这些财务预算编制的方法，来看下面的案例。

【案例分析】——各种财务预算编制方法的应用

1. 已知某公司的某种产品每年正常销售量为 70 000 套，且每套销售单价为 49 元，单位变动成本为 26 元，固定成本总额为 23.8 万元。那么，以固定预算法编制的财务预算结果如下。

①预算期内，预算销售量为 70 000 套。

②预算销售收入 =70 000×49=3 430 000（元）

③预算变动成本总额 =70 000×26=1 820 000（元）

④预算年销售总利润 =3 430 000-1 820 000-238 000=1 372 000（元）

2. 如果该公司的这种产品每年正常销量弹性范围为 60 000 ~ 80 000 套之间，其他条件不变。那么，以弹性预算法编制的财务预算结果如下。

①预算期内，销售量为 70 000 套时，预算年销售总利润为 137.2 万元。

②预算期内，销售量为 60 000 套时：

预算销售收入 =60 000×49=2 940 000（元）

预算变动成本总额 =60 000×26=1 560 000（元）

预算年销售总利润 =2 940 000-1 560 000-238 000=1 142 000（元）

③预算期内，销售量为 80 000 套时：

预算销售收入 =80 000×49=3 920 000（元）

预算变动成本总额 =80 000×26=2 080 000（元）

预算年销售总利润 =3 920 000-2 080 000-238 000=1 602 000（元）

④预算期内，预算年销售总利润在 114.2 万元 ~ 160.2 万元之间。

3. 对于该公司的其他一些重要费用，最初预算为：每年业务招待费 18 万元，职工培训费 0.8 万元，劳动保护费 24 万元，其他保险费 11 万元，办公费 5 万元，广告宣传费 7 万元，总计 65.8 万元。这些费用中，劳动保护费、其他保险费和办公费等是必要开支，无法削减；而业务招待费、职工培训费和广告宣传费等可根据成本效益率进行适当的调整。已知业务招待费、广告宣传费和职工培训费的成本效益率之比为 3∶4∶3，上级给出的最高预算为 60 万元，用零基预算法调整财务预算结果如下。

①扣除无法削减的费用开支。

可调整预算金额 =600 000-240 000-110 000-50 000=200 000（元）

②调整业务招待费、广告宣传费和职工培训费预算金额。

预算业务招待费 =200 000×（3/10）=60 000（元）

预算广告宣传费 =200 000×（4/10）=80 000（元）

预算职工培训费 =200 000×（3/10）=60 000（元）

③零基预算法下财务预算调整前后对比如表 4-8 所示。

表 4-8　零基预算法调整预算的前后对比

费用项目	调整前预算（元）	调整后预算（元）
合计	658 000	600 000
劳动保护费	240 000	240 000
其他保险费	110 000	110 000
办公费	50 000	50 000
业务招待费	180 000	60 000
广告宣传费	70 000	80 000
职工培训费	8 000	60 000

4. 如果前述业务招待费、广告宣传费和职工培训费不按照成本效益率来进行预算，而根据上级下达的"在原预算基础上减低 10%"要求进行预算，这时应采用增量预算法，预算结果如下。

①计算降低 10% 以后的业务招待费、广告宣传费和职工培训费预算。

预算业务招待费 =180 000×（1-10%）=162 000（元）

预算广告宣传费 =70 000×（1-10%）=63 000（元）

预算职工培训费 =8 000×（1-10%）=7 200（元）

②合计 6 项费用的总预算。

总预算 =240 000+110 000+50 000+162 000+63 000+7 200=632 200（元）

由上述案例可知，各种预算方法的计算过程并不复杂，所以要想财务预算发挥真正的作用，关键还是预算编制方法的选择，要选择适合企业发展、能准确反映企业生产经营实际情况的预算编制方法才是最好的。

财务预算中老板应抓住的重点

前面介绍了企业的全面预算管理以及财务预算的编制、分析、调整和编制方法等内容，旨在让企业老板了解财务预算的方方面面。然而，实务中，老板并没有太多时间去深究其中的细节，因此只能抓住财务预算工作中的重点，做好指导、协助和监督工作。那么，财务预算中，老板应注意的重点有哪些呢？

1. 明白财务预算在企业预算中具有非常重要的地位

财务预算是企业预算的一种或一项内容，它涵盖了企业经营过程中的各种预算，如采购预算、生产预算、销售预算和投融资预算等，或者包括资本预算、销售预算、成本预算和现金流量表预算等。

在企业初创期，应以资本预算为重点；在企业成长期，应以销售预算为重点；在企业成熟期，应以成本预算为重点；在企业衰退期，应以现金流量表预算为重点。

2. 牢记财务预算要与经营业务相结合

财务预算的编制不能脱离企业的具体经营业务，即财务预算要根据实际经济业务的需求进行编制，不能高估收益，也不能低估成本；不能随意增加成本费用开支，也不能过度削减成本费用，财务预算的编制要合理，合乎经营业务的"理"。

3. 明确财务预算的方向主要有 3 种

财务预算的主要方向是业务预算、资本预算和资金预算。

业务预算包括采购成本预算、生产成本预算、人工成本预算、各种费用预算以及销售收入预算等。资本预算包括筹资和投资预算，即向谁借入资金、什么时候借入、借多少和借多久，向谁投资、什么时候投资、投资金额是多少、投资回报率是多少以及投资回收期多长等。资金预算包括现金预算、利润表预算、资产负债表预算和现金流量表预算等，从某种意义上来说，资金预算是业务预算和资本预算的货币体现。

4. 财务预算的执行范围和执行人员要"全"

企业在编制、执行、分析和调整财务预算的一系列工作中，要组织企业内部各部门、各岗位和各级人员共同参与，并将所有可能发生的经济活动的事前、事中和事后等环节全部纳入财务预算管理中。

5. 财务预算工作有 5 个重要步骤

企业财务预算工作中的 5 个重要步骤分别是编制、执行、分析、考评和调整，这些步骤缺一不可。

如果没有编制财务预算，只是口头说说，则实际执行过程中没有准确的标准可供参考，执行力度会减弱，最终达到的效果可能不够理想，也无法对财务预算进行考评，进而不利于后期根据实际经营情况调整后期的财务预算。

如果编制了财务预算，但没有严格按照预算来执行，则最终的实际结果与预算结果很可能相差甚远，导致无法做合理的分析与考评，只能重新编制财务预算。这样一来，最初编制财务预算所花的时间就浪费了，这部分时间成本的效益率为零。

如果编制了财务预算，也严格按照预算进行经营管理，但不懂得分析预算与实际之间存在差异的原因，则不利于后期财务预算的编制，也不利于后期完善经营管理策略，对财务预算进行调整时会失去标准和方向，最终调整好的财务预算方案可能并不适用。

如果没有对财务预算的执行结果进行考评，则企业就无法知道预算和实际之间存在哪些差异，更不清楚差异产生的原因，进而无法进行相应的调整。

如果前述步骤都按规定完成了，但没有进行财务预算的调整，使得企业后期依然沿用前期的财务预算方案，则在不断变化的市场环境和经济环境中，财务预算会与企业实际经营情况不相符，进而无法发挥其指导和约束作用，这时的财务预算没有存在意义。

预算管理是成本管理的基础

企业生产经营过程中各种成本的核算、分析、决策和控制等一系列管理活动的总称，即成本管理。为什么说预算管理是成本管理的基础呢？

1. 预算管理的大部分内容涉及成本、费用

企业预算管理中，预算内容大多都是企业可能发生的各项成本和费用，如采购原材料时的材料成本预算、生产过程中各种直接生产成本和

辅助生产成本的预算、制造费用的预算以及经营过程中各种管理费用、销售费用和财务费用的预算等。

2. 预算管理有助于成本管控的实现

企业的经营成本如何进行控制，首先就要对可能发生的成本制定出合理的标准，而这一合理标准的得来，要依靠预算管理的实施，两者之间的关系如图 4-5 所示。

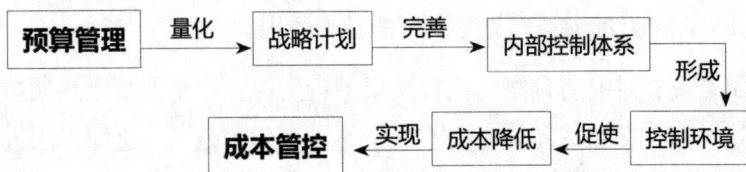

图 4-5　预算管理与成本管控的关系

3. 预算管理为成本管理确定各项控制指标

预算管理实际上就是对企业生产经营过程中可能发生的各项成本、费用给出一个合理的数据标准，以约束企业的各种经营管理行为，从而期望企业的实际生产经营活动可在这些数据标准以内进行。相应地，企业只有在严格执行预算管理的情况下，才能有效保证各种成本、费用的开支在合理范围内，各种成本、费用不超标，才能真正实现成本控制。

4. 预算管理属于目标成本控制法

预算管理中，预算出的各项成本、费用开支，其实就是一些目标成本，企业要尽可能地将经营成本控制在这些目标成本之下，从而实现成本控制，做好成本管理工作。

综上所述，预算管理是成本管理的基础，成本管理是预算管理的其中一个最终目标。这两者是相辅相成的关系，各自属于一个相对独立的管理控制圈，而两者在作用的发挥范围上有交叉和重叠，具有一定的互补性和辅助性。

除此之外，预算管理和成本管理之间既有区别，也有相同点。下面分别介绍两者之间的区别和相同地点，具体内容如表 4-9 所示。

表 4-9　预算管理与成本管理之间的相同点和区别

区别和相同点	预算管理	成本管理
侧重点	关注资源的分配，减少闲置的资源，强调收入与支出的平衡	关注资源的耗用，通过核算资源消耗的效率，避免资源浪费，强调收入和支出的配比关系
会计基础	收付实现制	权责发生制
作用范围	更大	更小
工作基础	均属于企业管理的控制工具，且均以成本计算为工作基础	
功能	都发挥内部控制作用	
目标	都是要实现企业价值增值目标和企业竞争能力提高的目标	
作用对象	都以企业可能发生的经济业务为作用对象	

预算管理系统的运用

企业的预算管理系统用来建立、完善并优化预算管理体制，提升企业经营管理水平。它包括了各种责任中心，如成本中心、费用中心、收入中心、利润中心和投融资中心等。

各企业老板要知道，通过系统设置，将企业或企业集团总部统一制定的预算管理制度固化到软件中，利用软件控制整个企业和企业集团的预算管理活动，进而形成预算管理系统。下面从预算管理系统的功能、目标和与其他管理系统之间的关系等方面入手,深入认识预算管理系统。

1. 预算管理系统的功能

预算管理系统由各种预算管理工作和相关制度组成,功能有如表 4-10 所示的一些。

表 4-10　预算管理系统的功能

功能	说明
编制预算	主要是采集预算数据并进行预算填报。在采集数据时,企业可通过建立的预算管理系统,人工录入编制预算所需的各项数据;也可通过该系统与其他相关系统进行连接,从其他系统中提取所需的数据。然后通过预算管理系统中的预算编制模块填报预算
审批预算	相关领导或上级机构对下级或下级机构已提交的预算数据进行全面的技术审核,具体借助预算管理系统的预算多级审批、预算审批状态查询、审批处理和审批数据保存等模块完成
执行预算	通过预算管理系统中的相应模块,对各类预算数据进行校验,然后保存这些数据,同时为该系统与其他系统之间建立联系提供接口
监控预算	在业务发生之前,通过预算管理系统的监控模块监督并控制经济业务的发生,同时监控预算的编制、审批和执行等环节的操作是否已经进行,且是否有差错
调整预算	在实际执行预算过程中,难免会出现经营目标、需求等与预算结果不一致的情况,此时就要改变原有的预算方案,先申请进行预算调整,然后获得审批,最后利用预算管理系统,调整以前的预算数据,同时进行预算调整工作的分析,形成与当前经营目标、需求相一致的预算方案。注意,除非前期编制的预算与实际经营状况相差太远,否则后期涉及的预算调整力度都不会太大,一般只更改局部数据
考评预算	在预算期结束后,企业要将实际经营情况转化为具体的数据,并通过预算管理系统将其与预算数据进行对比,考核评价预算工作的效益
查询预算	预算管理系统会储存所有与预算工作相关的数据,如最初编制的预算数据、获得预算审批的数据、预算执行过程中形成的数据、预算监控结果数据以及调整预算形成的新的数据等,后期企业或相关人员需要了解预算工作的开展情况时,就可利用预算管理系统查询这些数据,方便、快捷

2. 预算管理系统的目标

预算管理系统的目标就是要协助企业做好预算管理工作，具体表现如图 4-6 所示。

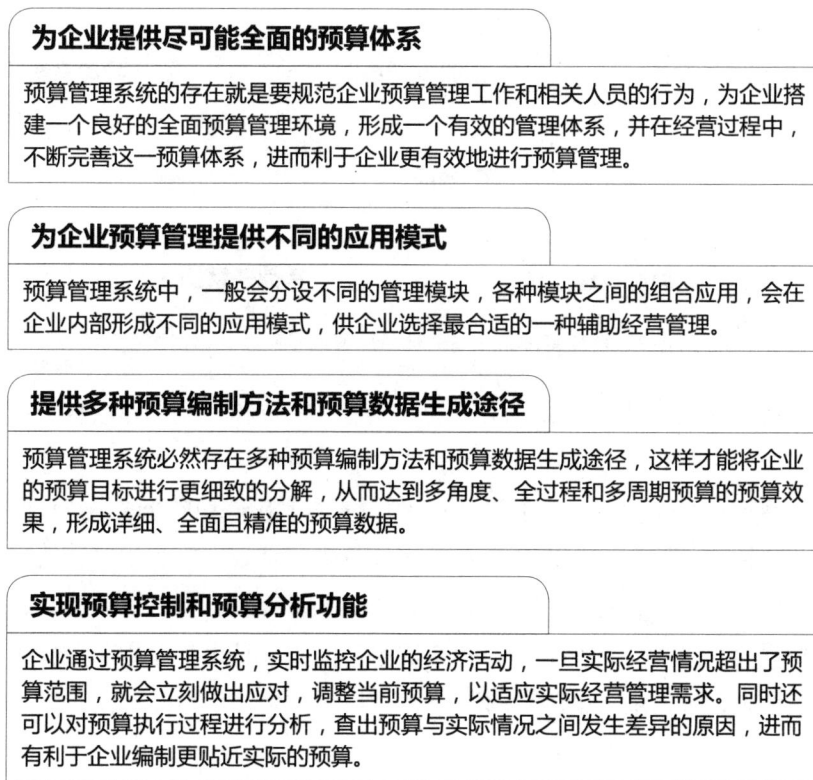

为企业提供尽可能全面的预算体系

预算管理系统的存在就是要规范企业预算管理工作和相关人员的行为，为企业搭建一个良好的全面预算管理环境，形成一个有效的管理体系，并在经营过程中，不断完善这一预算体系，进而利于企业更有效地进行预算管理。

为企业预算管理提供不同的应用模式

预算管理系统中，一般会分设不同的管理模块，各种模块之间的组合应用，会在企业内部形成不同的应用模式，供企业选择最合适的一种辅助经营管理。

提供多种预算编制方法和预算数据生成途径

预算管理系统必然存在多种预算编制方法和预算数据生成途径，这样才能将企业的预算目标进行更细致的分解，从而达到多角度、全过程和多周期预算的预算效果，形成详细、全面且精准的预算数据。

实现预算控制和预算分析功能

企业通过预算管理系统，实时监控企业的经济活动，一旦实际经营情况超出了预算范围，就会立刻做出应对，调整当前预算，以适应实际经营管理需求。同时还可以对预算执行过程进行分析，查出预算与实际情况之间发生差异的原因，进而有利于企业编制更贴近实际的预算。

图 4-6　预算管理系统的 4 个目标

从上图所示的内容可看出，预算管理系统的这 4 个目标实际上也是其自身可以发挥的作用。

3. 预算管理系统与其他企业管理系统的关系

预算管理系统是企业管理信息系统中的其中一个子系统，它与其他子系统之间存在数据的传递和共享等关系，因此，该系统与其他子系统之间必然会存在相应的数据接口，如图 4-7 所示。

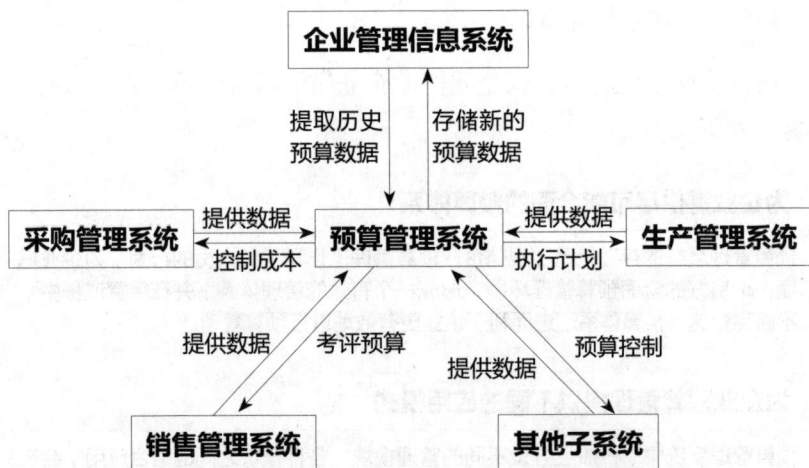

图 4-7 预算管理系统与其他信息管理子系统的接口情况

从上图来看，预算管理系统从管理信息系统和其他管理信息子系统中提取所需的数据，然后进行预算的编制，将预算数据存储到企业管理信息系统总系统中；然后通过执行预算管理，指导采购管理系统控制成本，监控生产管理系统按照预算结果执行生产计划，再利用销售管理系统完成预算考评，并对其他子系统也实施预算控制，然后进行分析；最后根据分析结果，调整预算，并再次将新的预算结果存储到企业管理信息系统中，进入下一个预算周期。

第 **5** 章

老板的决策关系到公司的未来

企业发展过程中，需要老板做出很多决策，如筹资决策、融资决策、投资决策、经营决策、公司合并或分立决策以及公司重组决策等。这些大的决策中还会包含一些具体的小决策，都需要老板参与其中。这些决策直接关系着公司的未来发展，因此，对于决策方面的知识，老板一定要了解才行。

要知道筹资和融资不是一回事

相信很多人都以为筹资就是融资，然而他们并不是一回事。虽然两者都是企业为了获取资金而开展的活动，但在很多方面都存在不同，相关比较结果如表 5-1 所示。

表 5-1　筹资与融资的区别

对比项目	筹资	融资
属性	财务管理术语	金融学术语
资金来源时间	一般在企业创立初期进行	一般在企业经营过程中进行
地位	是企业财务活动的起点	是经营管理活动的保障
来源	一般从外部获取或企业自生	有内部融资和外部融资
方式和途径	直接吸收投资、发行股票、向银行借款、融资租赁及申请国家财政资金等	发行公司债券、发行股票、向银行借款、融资租赁、向基金组织借款及申请国家性基金等
侧重点	重点考虑获取的资金是否能使企业顺利开办	重点考虑获取的资金是否能使企业资金周转更灵活、经营规模更大
双关性	只能站在需要资金的企业的角度称"筹资"	既可站在需要资金的企业的角度称"融资"，此时为融入资金；也可站在提供资金的企业的角度称"融资"，此时为融出资金

由此可见，筹资和融资并不等同。对于企业老板来说，一定要明确这两者之间存在的差异，才能在以后的经营管理中做出更准确的决策。

老板应知道的筹资渠道和方式

筹资就是企业筹措并聚集资金的活动总称，是企业设立和发展的基本前提，筹资不顺利，企业的后期经营就像"无米之炊"，即使企业老板或管理者很有经营能力，或者企业员工很有干劲，也没办法将企业经营活动开展起来。

对企业来说，每一种筹资渠道中可能又包含不同的筹资方式。那么，究竟有哪些筹资渠道和方式可供企业选择呢？下面做详细介绍。

1. 银行信贷

银行信贷这一筹资渠道是指企业向银行举借各种借款，这一渠道一般就只有一种筹资方式，就是企业向银行借入款项。在这一筹资方式下，企业会形成债权人资本，在财务会计上，通过"短期借款""长期借款""应付利息""财务费用"和"银行存款"等会计科目进行核算。

【案例分析】——甲公司创立初期向银行申请 100 万元借款

甲公司创立初期，为了补充企业内部资本，向银行申请借款100万元，借款期限为 4 年。已知年利率为 8%，每个月支付利息，到期归还本金。企业的财会人员要在收到借款时做如下账务处理。

借：银行存款　　　　　　　　　1 000 000

　　贷：长期借款　　　　　　　　　1 000 000

企业以后每月计提并支付借款利息时，会涉及"应付利息"科目。

每月应付利息 =1 000 000×8%÷12=6 666.67（元）

借：财务费用　　　　　　　　　6 666.67

　　贷：应付利息　　　　　　　　　6 666.67

借：应付利息   6 666.67

    贷：银行存款   6 666.67

归还本金时，最后一个月的利息不再计提，直接计入财务费用。

借：长期借款   1 000 000

    财务费用   6 666.67

    贷：银行存款   1 006 666.67

2. 非银行金融

非银行金融这一筹资渠道是指企业向保险公司、证券公司、租赁公司和信托投资公司等申请借款或其他金融服务。

这种渠道下，企业可选择发行股票、发行公司债券和融资租赁等筹资方式。这些筹资方式会形成不同的资本类型，财务会计上使用的会计科目也有明显区别，具体如表 5-2 所示。

表 5-2 非银行金融筹资渠道下各筹资方式的对比

筹资方式	形成资本	会计科目
发行股票	权益资本	股本、资本公积、银行存款等
发行公司债券	债权人资本	应付债券、应付利息、银行存款等
融资租赁	债权人资本	其他应付款、固定资产、银行存款等

【案例分析】——乙公司成立时通过证券公司发行股票

乙公司是一家创业公司，创立之初就在新三板上市。为了筹集公司经营所需的各方面资金，于是通过某专业的证券公司发行公司的股票。已知所有股票均为普通股，共发行 1 000 万股，每股面值 1 元，且以面值发行。最终筹得资金共 1 000 万元。需要做的账务处理如下。

借：银行存款   10 000 000

    贷：股本   10 000 000

如果该企业高于股票面值发行，则为溢价发行，超出面值总额部分的资金要计入"资本公积——股本溢价"科目。比如按 2 元 / 股发行，则账务处理如下。

借：银行存款　　　　　　　　　　20 000 000

　　贷：股本　　　　　　　　　　10 000 000

　　　　资本公积——股本溢价　　10 000 000

3. 其他企业

其他企业这一筹资渠道是指需要资金的企业利用其商业信用占用供应商资金或者吸收投资者投资。

这种渠道下，企业可选用的筹资方式是利用商业信用先收到供应商货物而暂不付款，或者直接接受外部单位投资者投入企业的资金。其中，前一种筹资方式会形成债权人资本，财务会计上通过"应付账款""应付票据""银行存款""原材料"或"固定资产"等科目进行核算；而后一种筹资方式会形成权益资本，财务会计上通过"实收资本""资本公积"和"银行存款"等科目进行核算。

【案例分析】——甲公司向供应商购买第一批材料未付款

甲公司创立后，开始筹备产品的生产和销售，于是向某供应商购进一批原材料，价值 24 万元（不考虑增值税）。因企业资金还未到位，所以暂时未向供应商付款，账务处理如下。

借：原材料　　　　　　　　　　240 000

　　贷：应付账款　　　　　　　240 000

4. 外商或外资企业

外商或外资企业这一筹资渠道是指企业接受外商个人或外资企业投入资金。该渠道下，筹资方式也只有一种，就是接受外商投资，进而形成权益资本，财务会计上通过"实收资本""资本公积"和"银行存款"

等科目进行核算。

【案例分析】——甲公司创立之初由某外商企业投入部分资金

甲公司在创立时，由某个团队和某外商企业共同出资建立。已知外商企业投资 800 万元，相关账务处理如下。

借：银行存款　　　　　　　　　8 000 000

　　贷：实收资本——×× 外商企业　　8 000 000

5. 居民个人

居民个人这一筹资渠道是指企业向个人借款或接受个人投入企业的资金。该渠道下，筹资方式分两种，一是向个人债权人借款，二是接受个人投资者投资。前一种筹资方式下，会形成债权人资本，财务会计上通过"短期借款——××""长期借款——××""应付利息"和"银行存款"等科目进行核算；后一种筹资方式下，会形成权益资本，财务会计上通过"实收资本——个人""资本公积"和"银行存款"等科目进行核算。

【案例分析】——甲公司成立时向某个人借得资金 60 万元

甲公司创立时，由某创始人以公司的名义向某自然人个人借款 60 万元，双方签订了借款协议，约定借款期限为两年，借款利率按同期银行利率的标准核算，且为 6%，每月计提并支付利息，到期归还本金。相关账务处理如下。

借：银行存款　　　　　　　　　600 000

　　贷：长期借款——××　　　　　600 000

每月计提并支付利息时，涉及"应付利息"和"财务费用"科目。

每月应付利息 $=600\ 000 \times 6\% \div 12 = 3\ 000$（元）

借：财务费用　　　　　　　　　3 000

　　贷：应付利息　　　　　　　　3 000

借：应付利息   3 000

  贷：银行存款   3 000

最后一月归还当月利息时直接计入财务费用，同时归还本金。

借：长期借款——××   600 000

  财务费用   3 000

  贷：银行存款   603 000

6.国家财政支持

国家财政支持这一筹资渠道是指企业接受国家的直接投资，或者通过税前还贷和减免各种税款等方式筹集资金。

在这种筹资渠道下，企业可能会形成权益资本或债权人资本，具体情况如表 5-3 所示。

表 5-3 国家财政支持的筹资渠道下各筹资方式的对比

筹资方式	形成资本	会计科目
接受国家直接投资	权益资本	实收资本、资本公积、银行存款等
税前还贷	债权人资本	短期借款、长期借款、银行存款等
减免税款	债权人资本	应交税费、银行存款等

税前还贷指企业实现的利润允许按照相关规定在归还各种贷款后再计征企业所得税，由此可见，该筹资方式是通过减少企业应缴纳的企业所得税来达到筹资的目的，减少了企业的负债，相应地增加企业的资金留存量。

减免税款指直接减免企业应缴纳的各种税款数额，其筹资的本质与税前还贷一样，也是通过减少企业应缴纳的税款来减少企业的负债，从而增加企业资金的留存量。

【案例分析】——甲公司成立时接受国家投入资金 100 万元

甲公司创立时，除了各商业投资者投入资金外，还获取了当地政府投入资金 100 万元。这是政府对当地高新技术企业给予的支持。企业在收到这笔投资时，应做如下账务处理。

借：银行存款　　　　　　　　　　1 000 000

　　贷：实收资本——国家资本　　　　　1 000 000

7. 企业自留资金

企业自留资金这一筹资渠道是指企业通过生产经营而在内部形成资金，一般指盈余公积和未分配利润。

在这一筹资渠道下，筹资方式有两种，一是提取盈余公积并留存企业，二是将实现的利润暂不分配而留存企业。这两种方式都将形成权益资本，财务会计上通过"盈余公积"和"利润分配——未分配利润"科目进行核算。

【案例分析】——甲公司经营一年后获得净利润 120 万元

甲公司经过一年的不懈努力，最终实现净利润 120 万元。为了巩固企业的资本结构，增加权益资本，降低经营风险，需按国家统一规定提取净利润 10% 的盈余公积。相关账务处理如下。

计提的盈余公积 =1 200 000×10%=120 000（元）

借：利润分配——提取法定盈余公积　　120 000

　　贷：盈余公积——法定盈余公积　　　　120 000

借：利润分配——未分配利润　　　　　120 000

　　贷：利润分配——提取法定盈余公积　　120 000

未分配的利润 =1 200 000-120 000=1 080 000（元）

前述提及的 7 种企业筹资渠道中，前 6 种的资金来源均属于外部获取，而最后一种的资金来源属于企业自生。这些筹资渠道和筹资方式在实际经济市场中都比较常用，企业需按自身实际情况做出合适的选择，可以只采用其中一种，也可以采用多种筹资方式和筹资渠道。

融资决策是生存发展的关键

融资决策就是做出选择合理的融资方式并确定融资金额的决定，该决定的做出是要实现企业的经营目标。

企业老板在做出最后的融资决策前，必须预测企业的资金需求量，同时还要比较各种融资方式下的融资条件、融资成本和融资风险等影响因素。

为什么说企业的融资决策是其生存发展的关键呢？这主要是因为其具有如下所示的一些作用。

1. 为企业融得生产经营所需资金

在企业的整个发展过程中，难免会遇到资金周转不灵的窘境。为了使企业能够继续经营下去，老板就需要根据实际的资金需求，做出相应的融资决策，为企业融得资金，用于采购生产用的原材料、机器设备，同时聘用和聘请相关一线员工、技术人才和专家。

如果经营过程中资金已经出现周转不灵的问题，老板还不做出相关的融资决策，则服务于生产活动的原材料、机器设备以及人工等都可能短缺，致使生产活动无法正常进行，企业无销售收入，也就没有资金流入企业，从而进一步加剧企业资金缺乏的问题。这样循环往复，企业的资金链最终会断裂，导致企业再也无法维持经营状态，最终面临破产。

2. 为企业争取更多发展机会

企业融资获得资金的方式，实际上是用他人的钱来创造价值，对企业来说，属于一种理财行为。目前很多企业即使自身的资金可以灵活周转，也会向外部单位融资，以增加企业的资金存量，从而进行其他有利于企业发展的经济活动，如扩建增产、投资项目和自主研发等。这种情况下，企业通过融资，可在保证自身经济实力的同时，获取更多发展机会，为企业创造更多价值。这样既可使企业面临较小的经营风险，也可让企业获取较高的经营收益。

如果企业在想要扩大企业规模并进一步拓展企业的经济业务时，不利用融资这一手段获取所需的资金，而是利用企业自身的资金做扩产、投资，则很可能本末倒置，不但无力扩建增产、搞自主研发，还很可能会使原本用于正常生产经营的资金短缺，影响正常生产经营活动的开展，从而使企业的主要收入来源得不到保障，企业资金紧缺，经营举步维艰。这样一来，发展机会也会被浪费。

3. 可按需求调整企业的资本结构

企业的资本结构会因为不断发生的各种经济活动而改变，即使最初的资本结构较合理，但改变后的资本结构很可能存在不合理的情况。为了使企业资本能发挥最大的效益，必须尽量保证资本结构的合理性。这时，企业老板一般会利用融资这一手段来调整资本结构。来看一个具体例子。

【案例分析】——通过向供应商融资调整企业资本结构

丙公司成立于 2019 年 9 月初，由两家公司共同出资建立。出资总额为 800 万元，除此之外，企业还向银行和其他个人借款，共 200 万元。由此可见，该企业权益资本占总资本的 80%，而债权人资本只占总资本的 20%。经营一段时间后，为了给企业老板施加一定的经营压力，公司决定增加债权人资本，同时改变当前资本结构。

于是，公司后续 3 个月向供应商购买原材料的价款都暂时未付，形成"应付账款"这一负债，实际上是占用供应商的资金，对丙公司来说，如同获取了债权人资本。已知这部分暂未支付的款项共 120 万元，此时企业的资本结构为：权益资本 800 万元，债权人资本 320 万元，权益资本占总资本的比例变为 71.43%（800÷1 120×100%），债权人资本占总资本的比例变为 28.57%（320÷1 120×100%）。

企业资本结构的合理性会影响其未来的发展，相应地，融资决策就是企业经营发展的关键。

以上 3 个融资决策的作用，都对企业的财务管理工作产生影响，进而影响整个企业的经营和发展。因为财务管理是企业管理的关键，所以融资决策理所应当成为企业生存和发展的关键之一。

> **小贴士** *影响融资决策的因素有哪些*
>
> 影响企业融资决策的因素分为直接因素和间接因素，其中直接因素是指会导致融资决策随具体融资方案的不同而发生变化的影响因素；间接因素是指不会使融资决策随具体融资方案的不同而发生变化的影响因素。
>
> 直接因素：融资成本、融资效益和融资风险。
>
> 间接因素：企业的组织形式、规模和业绩、信誉、所处的经济周期、资本结构、盈利能力、偿债能力以及外部经济、法律和金融环境等。

那么，企业老板在做出融资决策前，具体需要考虑哪些问题呢？相关内容如下。

◆ **融资的原因**：即考虑资金的具体用途是什么，融资是否有用。

◆ **融资的金额**：即考虑企业的长期资金需求量是多少，企业有没有盲目扩张的现象。

◆ **资本结构**：即考虑债权人资本的期限，从而安排具体的融资方案。

◆ **融资渠道与方式**：即考虑哪种融资渠道适合企业发展，或者哪种融资方式对企业不会带来太大的偿债压力等。

◆ **资本成本**：能够使企业资本成本率较低的融资方案是比较有利于企业后续发展的，融资前可预估资本成本，进而做出融资决策。

企业做出融资决策，会经历确定资金用途→预测资金需求量→制定融资方案→择优选取融资方案等环节。一旦做出融资决策，企业就要组织相关员工实施融资方案，最后再分析融资方案的反馈情况。

常见的融资渠道和方式有哪些

经济市场中，可供企业选择使用的融资渠道和方式多种多样。对企业老板来说，首先要从大局观认识什么是直接融资和间接融资。

直接融资是指不经过任何金融中介机构，而由需要资金的企业直接与有资金可融出的企业或机构进行协商，完成借贷的方式，如股权融资；间接融资是指需要经过金融中介机构进行融资的方式，如债务融资。由此可知，直接融资形成的是权益资本，而间接融资形成的是债权人资本。

在实际经营过程中，企业常见的融资渠道有 9 种，每种渠道对应相关的融资方式，具体介绍如下。

1. 信贷融资

信贷融资即银行借款，属于间接融资。这一渠道下，融资方式就是银行借款，即由需要融入资金的企业向银行申请借款，银行利用强大的社会信用体系，审核企业的经济实力、收益情况和现金流稳定性等情况，最终通过审核并向企业发放贷款。

由于银行借款这一融资方式具有如下所示的三大特点，使得该方式对市场中的很多企业来说都不太容易实现。

◆ **条件严苛**：限制性条款很多，手续和程序都很繁杂，耗时耗力。

◆ **期限较短**：企业向银行申请借款的期限一般较短，无法满足企业长期的资金使用需求。

◆ **额度较小**：银行借款方式下，企业能够融入的资金额度与其他融资方式相比较小，无法一次性解决企业所需的全部资金问题。

银行借款这一融资方式虽然最常见，但也是企业最不容易采用的。

2.民间借贷

民间借贷这一融资渠道是指企业向除国有银行之外的其他金融机构申请借款，也属于间接融资。该渠道下的融资方式主要根据融出资金的单位性质进行划分，具体如图 5-1 所示。

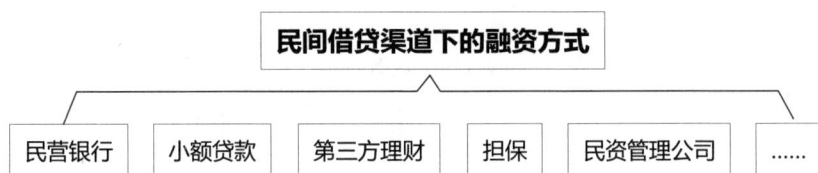

民间借贷渠道下的融资方式

| 民营银行 | 小额贷款 | 第三方理财 | 担保 | 民资管理公司 | …… |

图 5-1　民间借贷渠道下的融资方式

当需要资金的企业向这些资金持有者申请借款时，需要先提出借款申请，由这些机构或单位审核企业的借款资质并通过后，向企业发放贷款。

与信贷融资相比，民间借贷的条件稍微宽松，是经济实力并非很强的中小型企业比较常用的融资渠道。

3.典当融资

典当融资是指需要资金的企业利用自身拥有的某种具有价值的实物作为抵押，从典当行获得临时性贷款的一种融资方式，属于间接融资。该融资渠道下，一般是物品抵押贷款这一融资方式。

典当融资与银行借款相比，虽然成本较高，且借款额度相对较小，但它也有其独特的优势，相关内容如表 5-4 所示。

表 5-4　典当融资相对于银行借款具有的优势

比较项目	典当融资	银行借款
对融资人的信用要求	对融资申请人的信用要求几乎为零	对融资申请人的信用要求很严苛
重视什么	只注重融资申请人典当的物品是否货真价实	看重融资申请人的经济实力、现金流稳定性和信用

续表

比较项目	典当融资	银行借款
可抵押物	动产和不动产均可抵押，且典当物品的起点较低，千元、百元的都可典当	只接受不动产抵押，典当物品的起点较高
融资手续的繁简度	融资手续很简单，大多在提出申请后就可获取资金，不动产抵押的手续也比通过银行抵押不动产快	融资手续烦琐，大多需要经过一段较长的审批周期才能获取资金
资金的用途	典当行不限制融资申请人的资金用途	融资申请人向银行借款所获取的资金必须在银行指定的范围内使用

4. 互联网金融平台的 P2C 融资

P2C 融资这一融资渠道是指作为借款人的中小型企业利用互联网金融平台，向普通投资者借款，属于直接融资。在该渠道下，融资方式就是 P2C 网贷，即接受个人投资者投资。具体操作流程如图 5-2 所示。

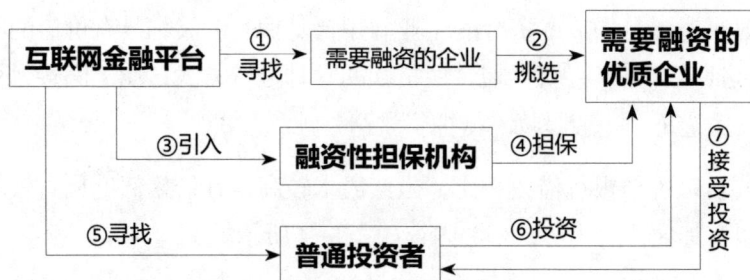

图 5-2 P2C 融资的流程

这里的"优质企业"是指经过互联网金融平台在线下所做的尽职调查，在基本信息、经营状况、管理团队、信用级别、销售渠道、财务状况和发展战略等方面均符合融资要求的企业。

P2C 融资渠道下，融资方式均属于抵押担保贷款，即融资企业在向互联网金融平台发起融资申请时，必须有相关担保公司为其所需的融资资金进行全额担保，同时融资企业必须提供房产、车辆、厂房或生产设备等固定资产抵押给担保公司，符合这些条件后，互联网金融平台再为融资企业寻找合适的投资者。

5. 证券融资

证券融资是指融资企业与提供资金的企业之间以有价证券为媒介进行资金融通的一种融资渠道，属于直接融资。该渠道下，融资方式分为债券融资和股票融资，两者的详细介绍如表 5-5 所示。

表 5-5　证券融资渠道下的债券融资和股票融资

融资方式	说明
债券融资	指需要资金的企业通过发行企业债券（也称公司债券）来融入资金的一种融资方式，属于债权融资
股票融资	指需要资金的企业通过对外发行股票来融入资金的一种融资方式，属于股权融资

债券融资的优势和劣势均介于股票融资和银行借款之间，因为，其融资的期限较长、限制性条件较少且资本成本率并不是很高，但融资的手续比较复杂，在经济市场中的运用较少，发行风险较大，尤其是长期债券，会面临很大的利率风险，不利于企业后期发展。使用这一融资方式的关键是选好发行债券的时机，过程中要重点考量利率问题。

股票融资方式下，融资企业融入的资金没有到期日，也无须归还，企业没有还本付息的压力，融资风险较低。另外，企业没有股利负担，是否向股东支付股利以及具体支付多少股利等均由企业的经营状况和经营需要而定。经营状况良好，可向股东分派股利；经营状况不好，可不用向股东分派股利。但是，该融资方式的资本成本率较高，融资过渡期较长，融得的资金无法满足企业的近期资金需求，而且还容易分散企业的控制权，同时降低企业普通股的每股净收益。除此之外，只有上市公司才能采用股票融资方式，非上市公司不适用。

6.股权融资

股权融资这一融资渠道是指企业原有股东让出企业的部分所有权，并以增资的方式引进新的股东，属于直接融资。该渠道下，企业总股本会增加，融得的资金即可充实企业的营运资金，也可用于企业的投资活动。

股权融资渠道下，融资方式包括 3 种，一是公开市场发售，即最常见的股票融资；二是私募发售，有时也被称为"招商引资"；三是股权转让。下面具体介绍私募发售和股权转让这两种股权融资方式。

◆ 私募发售融资方式

对于私募发售这一融资方式，其原理如图 5-3 所示。

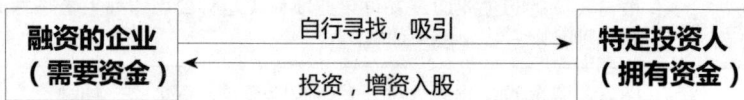

图 5-3　私募发售融资方式的原理

在寻找特定投资人这一环节，会有几种不同的形式：一是有项目，找资金；二是有项目、有资金，找地方落户；三是有项目、有技术、有品牌，找资金；四是有土地、没项目、没技术、没资金，找资金。

一旦企业找到特定投资人，就会与之协商，确定各自的持股股权比例。该股权融资方式下，企业的产权关系比较简单，且不需要进行国有资产评估，会大大降低企业的融资成本，进而提高融资效率。因此，许多民营的中小型企业会更倾向于选择私募发售融资，而不是股票融资。

◆ 股权转让融资方式

股权转让是指企业转让部分股权而融得资金的股权融资方式，它的目的是引入新的合作伙伴，同时引入资金，属于直接吸收投资的范畴。该融资方式下，新入股企业的投资者会持有企业的股权，如果达到一定比例，就会对企业的经营具有控制权，因此，企业在选择股权出让对象时应慎重，防止日后失去对企业的控制权。

需要注意的是，股权转让融资方式的采用，会稀释企业每股净收益，同时降低原股东的持股比例。

7. 租赁融资

租赁融资常被称为"融资租赁"，这一融资渠道是指需要资金的企业通过资产租赁活动融得资金，属于直接融资。该渠道下的融资方式包括直接购买租赁融资、售出后回租融资以及杠杆租赁融资等，不同的融资方式其融资原理是不同的，具体如图 5-4 所示。

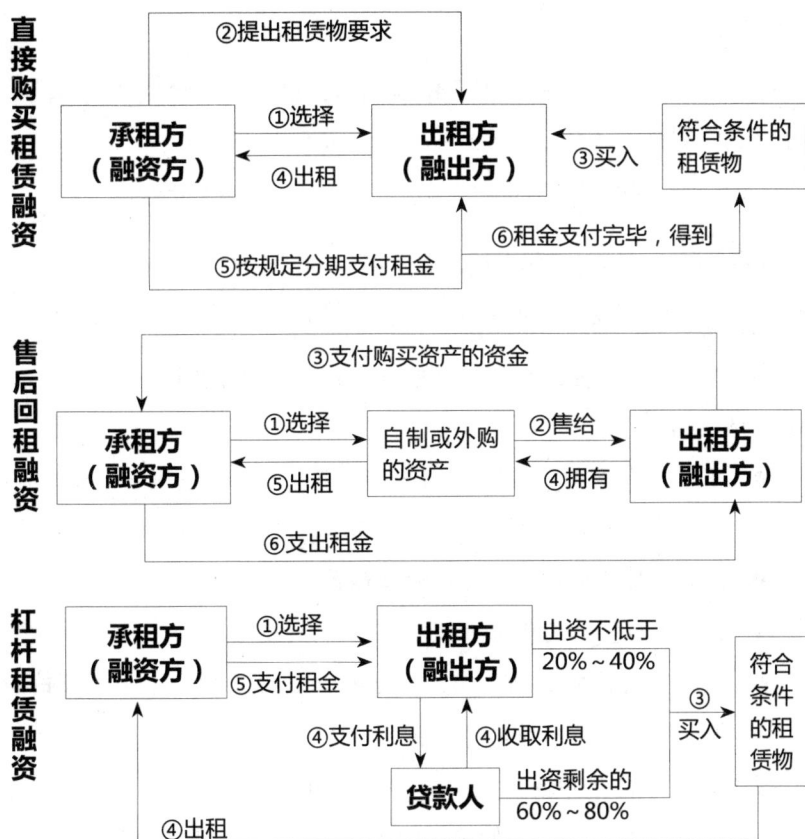

图 5-4　租赁融资的各种方式的融资原理

上图中所示的直接购买租赁融资方式，实际上是分期支付购买资产的价款，减缓企业支付价款的压力，间接达到融资目的；而售后回租融资方式，实际上是先以出售资产的方式融得资金，达到直接融资目的，然后以支付租金的方式租用资产，减小使用资产的成本压力；杠杆租赁融资对承租方来说，融资效果类似于直接购买租赁融资方式。

8. 海外融资

海外融资这一融资渠道是指需要资金的企业通过申请国际商业银行贷款、国际金融机构贷款或者在海外各主要资本市场上发行债券或股票等，融得资金。由此可见，该渠道下的融资方式包括银行借款、债券融资和股票融资。

由于海外融资渠道存在很多影响因素，这些因素会使融资风险的可控性降低，即融资风险较高，所以中小型企业并不适用。

9. 申请国家性基金

申请国家性基金这一融资渠道是指需要资金的企业向国家相关机构申请使用中央外贸发展基金，属于直接融资。

中小型企业利用该融资渠道融得的资金，只能用于一些特定的经济活动，具体如下。

◆ 开展境外展览会、各类产品认证、国际市场宣传推介、境外投标、培训和研讨会以及开拓新兴市场等。

◆ 建立质量管理体系或环境管理体系。

◆ 软件出口企业的经营管理。

◆ 优先支持面向非洲、中东、东欧、东南亚和拉丁美洲等的新兴国际市场的开拓活动。

除了前述 9 种企业常见的融资渠道和包含的一些融资方式外，还有其他一些特殊的融资方式，如银行信用证、银行承兑和直接存款等。

投资决策慎之又慎

投资决策是指打算进行对外投资活动的企业在对被投资对象进行调查、分析和论证的基础上，所做出的具体投资决断。这个具体投资决断的内容一般包括被投资对象是谁、具体投资什么项目、投资多少资金、预估投资回报率是多少以及投资回收期多长等。

为什么说投资决策要慎之又慎呢？因为投资决策一旦做出，企业就必须对外提供资金，而这一经济活动会给企业带来如下一些影响。

1. 占用企业大量资金

如果企业老板或经营者作出了投资决策，则企业需要拿出一定的资金投入到具体的企业、活动或项目中去，而这里的"一定资金"动辄上万，数十万的最常见，更有甚者要百万、千万才能使活动或项目顺利启动。对于投资企业来说，这些资金不是小数目，数十万以上的投资额度很可能已经占用了企业的大量资金。

如果投资决策正确，可以按预期收益率获得可观的收益，为企业带来经济流入，弥补因对外投资占用大量资金而造成的企业内部资金紧缺的问题。但如果投资决策失误，甚至错误，致使企业除了无法获得预期的收益，甚至还会面临损失投资本金的境况，加重企业资金短缺的问题，严重时可能导致企业资金链断裂，面临破产。

2. 会明显影响企业未来的现金流量情况

从企业的现金流量表结构就可以看出，企业的现金流量包括 3 个方面，其中就有投资活动产生的现金流量。企业做出投资决策后，向被投资单位或项目投入资金时，对企业来说就会表现为投资活动现金流出；

当收到投资收益时，会表现为投资活动现金流入。前后现金流出和流入的差额，会形成企业投资活动现金流量净额。

如果企业作出的投资决策正确，则企业的投资活动现金流出额与流入额之间的差距会越来越小，最终使投资活动现金流量净额为正数。如果企业作出的投资决策有误，则企业的投资活动现金流出额与流入额之间的差距可能没有变化，甚至差距会越来越大，这是由于投资项目不但没有收益，反而一直在亏损。

3. 投资决策存在不确定性和风险

企业老板或经营者在做出投资决策时，虽然能预测出企业可能会发生的一些不利状况以及投资风险，但在未来投资时具体会发生哪些不利状况或风险，是无法准确预测的，因此使得投资决策存在不确定性，从而无法完全控制投资风险。

如果投资决策做得比较好，能把企业可能发生的不利状况和风险尽可能地罗列完全，就可以针对这些不利状况和风险给出具体的预防措施或解决办法。在未来投资活动进行过程中，就可按照投资决策做出及时的反应，减小企业投资失败的可能性。但如果投资决策做得不好，一些不利状况和风险没有考虑到位，一旦实际进行投资活动时遇到这些没有考虑过的状况和风险，企业就会缺乏应对措施，导致延误最佳处理时机，增大企业投资失败的可能性。

4. 影响企业实现经营目标的能力

企业的投资决策一旦做出，就会预先固定一部分资金以备日后投资使用。这样一来，用于生产经营的资金就会变少，原本可以实现的经营目标可能就无法实现，在原来的经营目标下，企业就没有了实现该目标的能力。

由于投资决策对企业存在以上所述的四大类影响，因此，老板或经营者在做出投资决策前，一定要谨慎，方方面面考虑到位才能最终敲定。

那么，投资决策具体需要考虑哪些因素呢？如表 5-6 所示。

表 5-6　投资决策应考虑的因素

因素	说明
需求	投资决策一定要考虑企业真实的投资收益需求，看企业是否真的需要进行对外投资，投资的资金是否合理等
时间	投资决策应考虑的时间因素中包括时期因素和时间价值因素，其中，时期因素应考虑项目计算期的长短，时间价值因素应考虑投资项目的相关评价指标，看其计算结果是否能达到预期投资目标
成本	包括考虑向投资项目投入资金时耗费的成本和投资项目产出效益时发生的成本，如运营期发生的经营成本、税金及附加以及所得税等情况

小贴士　*什么是项目计算期*

项目计算期指企业的投资项目从建设开始到最终清理结束这整个过程的全部时间，包括建设期和运营期。建设期从项目资金投入开始，到项目建成投产为止，该时期的第一年年初为建设起点，最后一年年末为投产日。项目计算期的最后一年年末为终结点，而运营期就是从投产日开始，到终结点为止。

企业做出最终的投资决策前，需要经过一定的程序。

第一步，确定投资目标并选择投资方向。明确企业进行投资需要获得多少收益，投资必要报酬率是多少，投资回收期是多少才行等，然后拟定企业的具体投资方向。

第二步，制定投资计划并编写方案。将投资目标、投资方向等以书面形式记录在案，并对投资方案进行可行性分析。一般方案要在两个以上，供比较分析，最后择优实施。

第三步，实施投资方案。按照投资方案开展投资活动，投入资金，跟踪投资项目的发展进度和完成情况，记录投资期间的各种现金流量情况和成本收益情况。

　　第四步，接收反馈进行评价并调整投资决策。 在投资项目运营过程中及时接收反馈信息，项目投资活动结束后，对投资收益情况进行评价，看企业是否实现了投资方案中预测的投资目标，以此判断企业的投资活动是否有价值，进而对企业后续的投资计划和方案进行调整。

企业重组可以提升竞争力

　　对企业的现有资金、资产、劳动力和技术等资源进行重新配置，构建出一个新的生产经营模式的过程，称为企业重组。

　　企业重组有一个很明显的优点，即使企业的经营状况适应当前的外部经济环境和社会环境，进而使企业在市场中保持竞争优势。换句话说，企业重组可提升企业的竞争力。那么，企业重组提升竞争力具体表现在哪些方面呢？相关内容如表 5-7 所示。

表 5-7　企业重组提升竞争力的表现

表现	说明
寻求未来发展机会	企业重组可为企业筹集新的用于生产经营活动的资金，为企业累积足够的资本，在保障正常生产经营的情况下，寻求更多有助于未来发展的机会，以扩大涉足范围来提升企业竞争力
提高管理水平	企业重组后，可调整资本结构、资产结构和人力资源结构等，使其达到更合理的状态，进而提高企业的管理水平，降低营运成本，以低成本运营提升企业竞争力
完善营销体系	企业重组过程中一定会涉及各种销售模式、生产模式和利润管理模式等的改变，且均朝着更有效的管理方向发展，从而完善营销体系、生产流程和利润管理体系，以增加产品市场占有率来提升竞争力

续表

表现	说明
改头换面助推上市	企业进行重组，相当于对企业进行了一次"换血"操作，重组后的企业组织结构、资本结构以及资产规模等都会发生大变化。很多企业在上市前，都需要进行企业重组，将企业的财务状况调整到符合上市条件的状态，助力企业完成上市，从而提高企业价值来提升企业的竞争力
实现最佳资源分配	企业在重组的过程中，会对其拥有的所有资源进行拆分、归类以及整合，使各种资源发挥其最大的作用，以建立最佳的资源分配结构来提升企业的竞争力
发挥协同效应	企业重组的方式有很多，如合并、兼并、收购、接管以及分立等，不同的重组方式会对企业产生相应的影响，但无论哪种方式，重组的目的就是实现"1+1 > 2"的效果，即两家或多家企业合并后，最终形成的企业的各种能力都要高于合并前任意一家企业的对应能力，以提升企业各方面能力来提升企业在市场中的竞争力

作为企业的老板，不仅要知道企业重组可以提升企业的竞争力，还要了解企业重组时需要遵循的原则和重组的流程，这样才能更好地组织并督促企业进行有效的重组活动。

1. 企业重组的原则

企业重组时，需同时遵循如表 5-8 所示的 4 个原则，以确保企业重组的有效性，保证企业重组对企业发展有切实的好处。

表 5-8　企业重组要遵循的原则

原则	说明
合法性	在企业的重组过程中，会涉及各种物权、知识产权和债权的设立、终止与变更等问题，只有重组过程和方式等合法，才能保证这些权利的设立、终止和变更等行为有效，才能真正实现重组目的，同时防止企业陷入不必要的权利纠纷和法律风险中
合理性	企业重组时进行的资源重新配置与调整必须合理，这样才能保证重组后的资源结构符合企业以后的发展方向和经营目标

续表

原则	说明
可操作性	实施企业重组前必然会制定重组计划，计划内容包括具体的重组时间、参与重组的企业、重组项目以及重组方式等，所有这些内容必须要具备可操作性，才能使企业在具体实施重组计划时能知道该做什么事、该如何做事、该将事情做到什么程度等
全面性	从字面上理解企业重组，就是重新组建企业，因此要让被重组企业焕然一新，就要将重组工作做得彻底，需要从人、物、权、财、组织关系和管理观念等方面出发，进行全面的资源重组

2. 企业重组的流程

企业重组对企业来说是一件阶段性的大事，因此实施过程必然不能草率，必须按照一定的操作流程进行重组，如图 5-5 所示。

第一步：拟定多种重组方案

企业重组的实施需要具体的方案进行指导，在保证合法性原则的情况下，究竟哪种方案更合理，就需要企业通过拟定不同重组方案来做分析比较和选择。

第二步：界定并评估产权

在确定具体的重组方案前，参与重组的企业要对自身拥有的产权进行界定，同时评估各种产权的价值，为企业重组的实施提供初始数据资料。

第三步：提交方案并考核通过

将各种重组方案提交给企业的有关领导机构，等待考核企业的业务及运作流程，确定具体的重组方案是否适合当前企业实施。

第四步：实施重组并评估效益

确定的具体重组方案通过后，参与重组的企业均按照重组方案实施重组。重组结束后，各参与企业要评估此次重组的最终效益，看其是否达到了预期的重组目标，企业各方面的能力是否得到了提升等。

图 5-5　企业重组的流程

第6章
领导把关做好成本控制

成本是企业生产经营过程中为了达到经营目标而必须耗费的资源，然而过高的经营成本会使企业无法获取可观的利润，进而无法积累更多的资本，也就无法向更好的未来发展。因此，企业老板必须要把好"成本控制"这一关，做到成本不浪费，降低资本成本率，提高企业的成本利润率。

理解成本的真正含义

成本是企业进行生产经营活动过程中消耗各种资源的货币体现，它组成了商品价值的一部分。比如，生产时消耗的各种生产资料和劳动力对应的成本；组织开展销售活动耗费的资源对应的成本；为了管理企业的各种经济活动而消耗的资源对应的成本等。

成本是企业为了达到一定的经营目的而需要付出的价值牺牲，在财务会计上，广义的成本包括成本和费用，狭义的成本仅指生产成本、产品成本和销售成本等。

成本和费用是两个独立的概念，但两者存在一定的关系。成本是已经过划分、归集而对象化了的费用，比如企业当期发生的费用在根据不同产品或生产步骤等这些成本计算对象进行划分和归集后，就成了生产成本或产品成本。费用是资产的耗费，核算单位是会计期间，而成本与产品有关。

【案例分析】——成本与费用的关系

丁公司是一家生产多种饮料的公司，2019年9月，购进用于生产饮料的原材料共两批，合计8万元，支付生产工人工资共11万元，车间管理人员工资1.6万元。公司内部其他部门发生的管理费用、销售费用和财务费用等，共计15.5万元。不考虑其他因素，已知生产A、B、C、D这4种饮料所耗费的工时相等，则关于成本与费用的说法如下。

解析： 原材料8万元、生产工人工资11万元、车间管理人员工资1.6万元以及3种间接费用15.5万元均可以称为"费用"。将8万元、11万元和1.6万元在饮料A、B、C、D之间进行分配，每种饮料分得5.15万元（20.6÷4），这5.15万元分别是这4种饮料的"产品成本"或者"生产成本"，另外的间接费用 15.5 万元依然是"费用"。这里的 5.15 万元就是对 8 万元、11 万元和 1.6 万元这些费用进行归集后产生的一个成本数据，即成本是具体化了的费用。

老板要了解成本的真正含义，除了需要知道前述内容外，还需掌握不同分类依据下的成本类型，如表 6-1 所示。

表 6-1　不同分类依据下的成本类型

分类依据	类型	内容
应用范围	财务成本	根据国家统一的财务会计制度和成本核算规定，通过正常的成本核算程序算出的成本，可以是产品成本，也可以是劳务成本等。该成本立足于核算层面
	管理成本	是为了与财务成本进行区分而新出现的概念，指企业行政管理部门为了组织和管理生产经营活动而发生的各项费用的总和。该成本立足于经营管理层面
经营管理范围	生产成本	指生产活动中产生的成本，有时也被称为制造成本
	销售成本	指销售活动中已售出商品对应的成本或已提供劳务的劳务成本以及其他销售活动的业务成本
形成时间	历史成本	又称原始成本，指最初取得生产经营所需的资源时所支付的现金及现金等价物的金额
	重置成本	又称现行成本，指按照当前市场条件，重新取得同样一项资产所需支付的现金或现金等价物的金额
	未来成本	又称预计成本，指尚未发生的、可在特定条件下合理预测出的未来某个时期或某几个时期会发生的成本。该成本实际上是一个成本目标
产生依据	实际成本	指经营过程中实际发生的成本，是确定的
	计划成本	指经营过程中预计未来可能发生的成本，是预估的
计量单位	单位成本	指一单位数量的产品对应的成本，是一个平均值
	总成本	指某种产品全部数量对应的成本，是一个汇总值

续表

分类依据	类型	内容
计算依据	个别成本	指一个核算主体对应的成本，是一个整体值
	平均成本	指企业发生的成本的平均值
成本性态	固定成本	指在一定时期和业务量范围内，不受业务量增减变动影响而始终保持不变的成本
	变动成本	指在一定时期和业务量范围呃逆，会受业务量增减变动影响而不断变化的成本
发生与产品的关系	直接成本	指生产经营过程中被直接计入产品成本的各项费用
	间接成本	指与生产过程无直接关系但服务于生产过程的各项费用，它不能直接计入某种或某个产品的成本
发生是否可以控制	可控成本	指企业在经营管理过程中可以通过采取一定的措施加以控制的成本
	不可控成本	指企业无论采用什么措施都不能控制的成本
发生后是否确定有相应收益	付现成本	也称现金支出成本，指发生时立即支付的成本，其支出会在未来对应相应的收益
	沉没成本	指已经支付、无论未来经营状况如何都不能再收回的成本

成本是一种尺度，一个依据，一项指标，具体解析如图 6-1 所示。

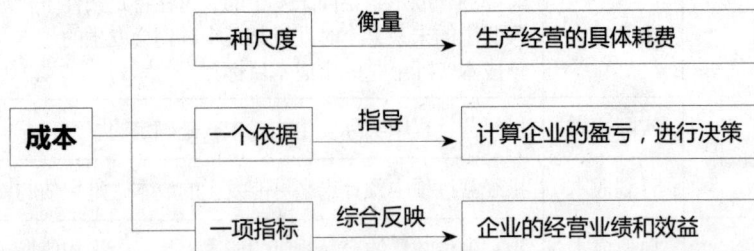

图 6-1　成本的内涵

成本是一家企业在生产经营过程中必然会发生的，没有成本就没有收入，只有付出了成本，才可能获得收入。但有时付出了成本，也不一定有收入。

必须懂得重要工具本量利的分析

本量利也称量本利，"本"即成本，"量"即业务量或销售量，"利"即利润。本量利的分析就是分析销售数量、价格、成本和利润之间的相互关系，进而揭示三者之间存在的规律性联系，从而确定企业目标利润。

本量利分析是管理会计的一项基础内容，是企业进行预测、决策、计划和控制等经营活动的重要工具。下面从本量利分析的前提条件、分析关键、基本关系、基本公式和分析内容等方面做详细介绍。

1. 本量利分析的前提条件

由于本量利分析中的销售数量、价格、成本和利润之间的关系十分复杂，所以为了使本量利分析具有实用性，就必须有一些假设来作为前提条件。相关内容如表 6-2 所示。

表 6-2　本量利分析的前提条件

前提条件	说明
相关范围和线性关系的假设	假设所有分析建立在某一特定的范围内，这一特定范围与所要进行的本量利分析有关。在这一相关范围内，假设固定成本总额保持不变，变动成本总额随业务量（生产量）变化成正比例变化，即总成本与业务量呈线性关系；同理，假设销售收入与销售量之间也呈线性关系
品种结构无变化的假设	企业销售产品的品种结构一旦发生明显变化，销售利润也会发生明显的波动，所以为了更准确地分析价格、销售量和成本

续表

前提条件	说明
品种结构无变化的假设	等对销售利润的影响，就需要假设销售产品的品种结构无变化，即每种产品的销售收入占总销售收入的比重不会发生变化
生产的产品都能售出的假设	也称产销平衡假设，即企业生产完成的所有产品都能够销售到市面上，实现销售量 = 业务量（生产量），这样就可统一本量利中的"量"为销售量而不是生产量。如果没有这一假设，则与成本相关的是生产量，与收入相关的是销售量，生产量与销售量不统一，本量利分析就无法正常使用

由于本量利分析要基于上述假设进行，因此具有一定的局限性，只适用于企业经营状况的短期分析。

2. 本量利分析的关键

本量利分析的关键是盈亏平衡点的确定。盈亏平衡点指全部销售收入等于总成本时的销售量，换句话说，当销售量低于盈亏平衡点时，总成本＞全部销售收入，企业表现为亏损；当销售量高于盈亏平衡点时，总成本＜全部销售收入，企业表现为盈利。原理如图 6-2 所示。

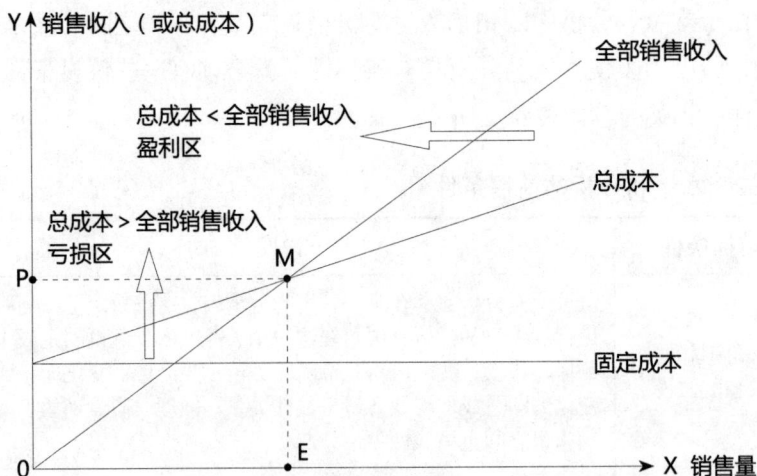

图 6-2 盈亏平衡点

上图中，M 点处的总成本＝全部销售收入，M 点对应的 Y 轴上的 P 点即为具体的总成本或全部销售收入金额，对应的 X 轴上的 E 点即为总成本等于全部销售收入时的销售量（即生产量），所以 E 点为盈亏平衡点。

在 0 ～ E 点之间的销售量，对应总成本＞全部销售收入，此时企业销售产品表现为亏损；在 E 点以后的销售量，对应总成本＜全部销售收入，此时企业销售产品表现为盈利。那么，盈亏平衡点具体应如何计算得出呢？一般可采用两种方法。

◆　按数量计算

按数量计算出的盈亏平衡点就是销售量，计算公式如下。

盈亏平衡点的销售量（数量）＝固定成本总额 ÷ 单位产品贡献毛益

单位产品贡献毛益＝单位产品销售收入 – 单位产品变动成本

◆　按金额计算

按金额计算出的盈亏平衡点是销售收入，计算公式如下。

盈亏平衡点的销售收入（金额）＝固定成本总额 ÷ 贡献毛益率

贡献毛益率＝（销售收入总额 – 变动成本总额）÷ 销售收入总额

小贴士 *贡献毛益、贡献毛益总额、贡献毛益率和单位贡献毛益*

贡献毛益又称边际收益或边际贡献。

贡献毛益总额指产品销售收入总额与变动成本总额之间的差额。

贡献毛益率指贡献毛益总额占销售收入总额的比重。

单位贡献毛益指单位产品销售收入与单位产品变动成本之间的差额。

【案例分析】——盈亏平衡点的简单计算

已知丁公司生产各种饮料发生的固定成本总额为 4 万元，2019 年 9 月发生变动成本总额 7 万元，实现销售收入总额为 23 万元。假设公司生产的各种饮料的销售收入占总收入的比重没有明显变化，求盈亏平衡点。

贡献毛益率 =（23-7）÷23×100%=69.57%

盈亏平衡点的销售收入 =4÷69.57%=5.75（万元）

如果已知单位固定成本为 40 元 / 件，单位变动成本为 70 元 / 件，单位产品销售收入为 230 元 / 件。求盈亏平衡点。

单位产品贡献毛益 =230-70=160（元）

盈亏平衡点的销售量 =40 000÷160=250（件）

3. 本量利分析中要明确的基本关系

本量利分析的目的就是要弄清楚销售数量、价格、成本和利润之间的相互关系，那么具体要明确哪些基本关系呢？如图 6-3 所示。

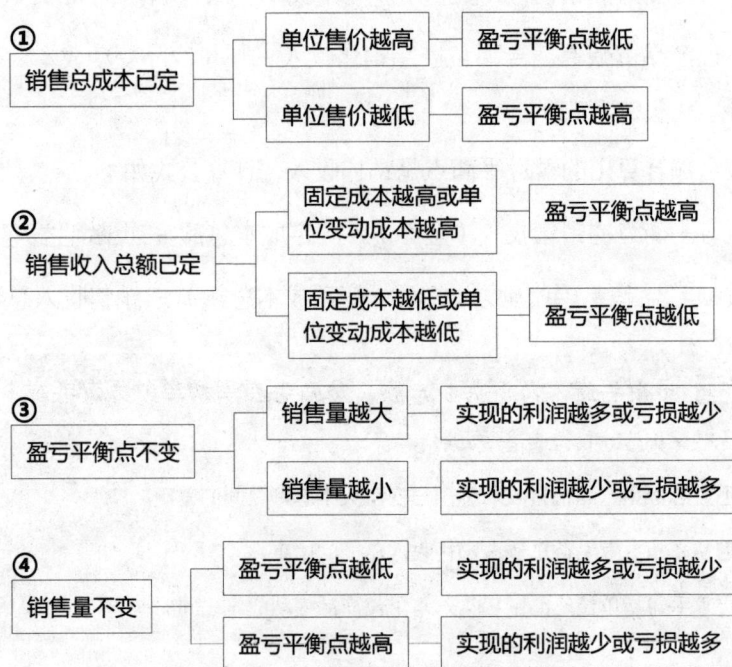

①
销售总成本已定
- 单位售价越高 —— 盈亏平衡点越低
- 单位售价越低 —— 盈亏平衡点越高

②
销售收入总额已定
- 固定成本越高或单位变动成本越高 —— 盈亏平衡点越高
- 固定成本越低或单位变动成本越低 —— 盈亏平衡点越低

③
盈亏平衡点不变
- 销售量越大 —— 实现的利润越多或亏损越少
- 销售量越小 —— 实现的利润越少或亏损越多

④
销售量不变
- 盈亏平衡点越低 —— 实现的利润越多或亏损越少
- 盈亏平衡点越高 —— 实现的利润越少或亏损越多

图 6-3　本量利分析要明确的基本关系

上述基本关系均可根据图 6-2 来分析得出。销售总成本已定时的本量利分析示意图如图 6-4 所示。M_1 为单位售价越高时的盈亏平衡点，

M_2 为单位售价越低时的盈亏平衡点。

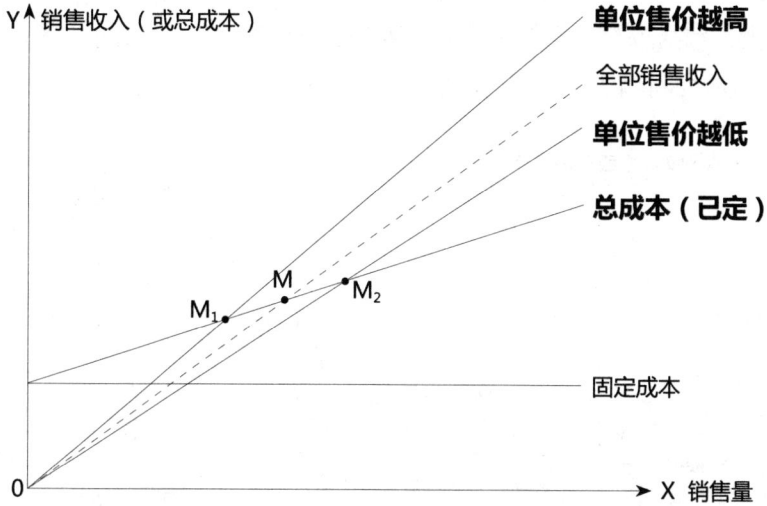

图 6-4　销售总成本已定时的本量利关系

销售收入总额已定时的本量利分析示意图如图 6-5 所示。M_1 为总成本越高时的盈亏平衡点，M_2 为总成本越低时的盈亏平衡点。

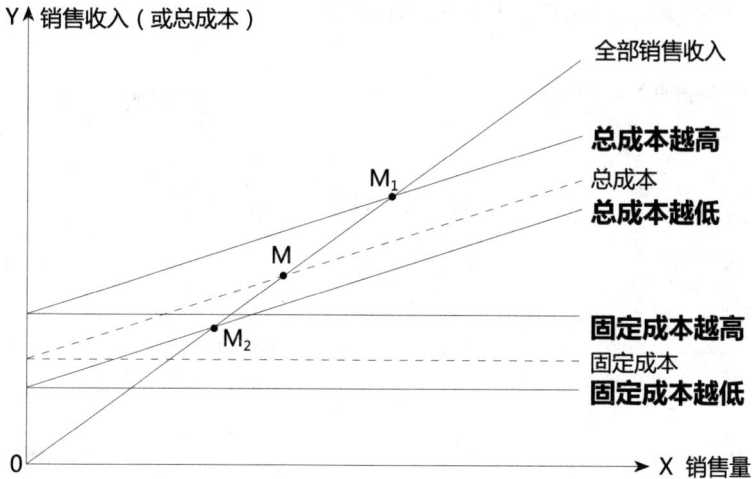

图 6-5　销售收入总额已定时的本量利关系

盈亏平衡点不变时的本量利分析示意图如图 6-6 所示。在低于盈亏平衡点时，销售量 E_3 对应的亏损 3 小于销售量 E_4 对应的亏损 4，即销售量越大，亏损越少，反之，亏损越多；销售量 E_1 对应的利润 1 小于销售量 E_2 对应的利润 2，即销售量越大，利润越多，反之，利润越少。

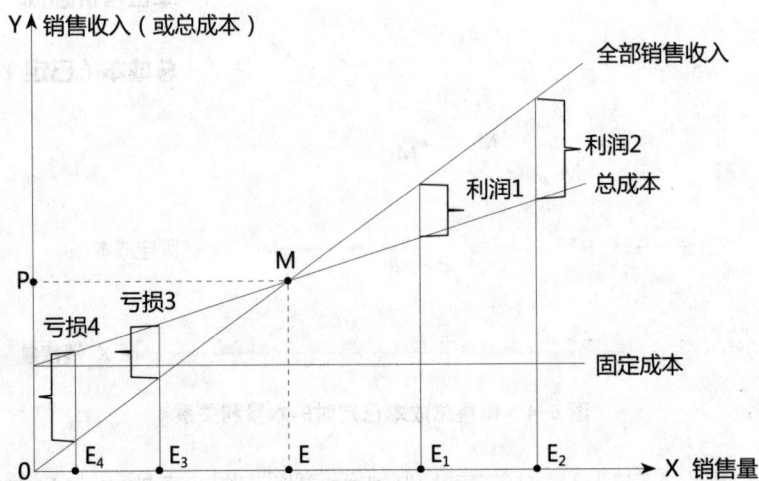

图 6-6 盈亏平衡点不变时的本量利关系

销售量不变时的本量利分析示意图如图 6-7 所示。

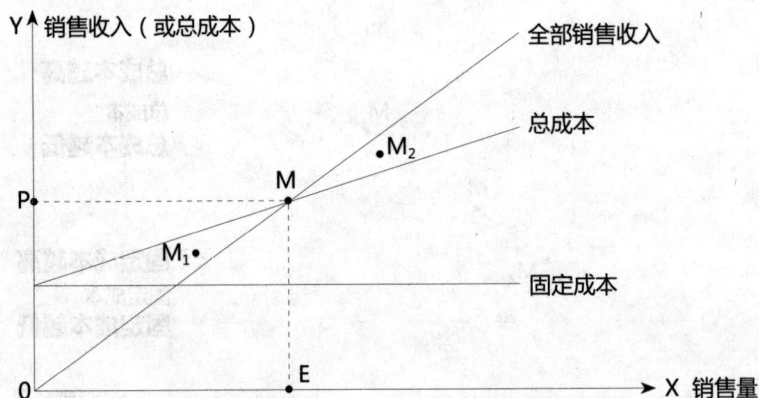

图 6-7 销售量不变时的本量利关系

盈亏平衡点 M_1 是全部销售收入与总成本的交叉点，此时的销售量 E 在盈利区，M_1 越低，说明交叉点越靠前，利润越多，反之，利润越少。若盈亏平衡点在 M_2 处，此时的销售量 E 在亏损区，M_2 越高，说明交叉点越靠后，亏损越多，反之，亏损越少。

4. 本量利分析的基本公式

本量利分析是基于成本性态分析和变动成本法进行的，因此其基本公式是变动成本法下计算利润的公式，具体如下。

税前利润 = 销售收入 − 总成本
　　　　= 销售单价 × 销售量 − （变动成本 + 固定成本）
　　　　= 销售单价 × 销售量 − 单位变动成本 × 销售量 − 固定成本

5. 本量利分析的内容

本量利分析的内容包括 4 项：盈亏平衡点、实际目标利润、相关因素变动对盈亏平衡点和保利点的影响以及本量利关系中的敏感性分析。相关内容如表 6-3 所示。

表 6-3　本量利分析的内容

内容	详述
盈亏平衡点	即分析企业的销售量在多少时全部销售收入可刚好弥补全部成本，使企业不赚不亏。另外，如果企业处于亏损状态，则需要通过分析盈亏平衡点来作出如何达到不赚不亏状态的决策
实际目标利润	这一分析内容要在分析盈亏平衡点的基础上进行，分析的是企业保利点或保净利点，即分析保证企业能够获取利润的销售量，称之为保利量。相关计算公式如下： 目标利润 = 销售单价 × 保利量 − 单位变动成本 × 保利量 − 固定成本 保利量 =（固定成本 + 目标利润）÷（销售单价 − 单位变动成本）=（固定成本 + 目标利润）÷ 单位贡献毛益 目标净利润 = 目标利润 ×（1− 所得税税率） 保净利量 =[（固定成本 + 目标净利润）÷（1− 所得税税率）]÷（销售单价 − 单位变动成本）

续表

内容	详述
相关因素变动对盈亏平衡点和保利点的影响	根据前面两项分析内容可知： ①当只有销售单价变动时，单价提高，会使单位贡献毛益增加，盈亏平衡点和保利点都会减小；反之，二者都会增大。 ②当只有单位变动成本变动时，单位变动成本越高，会使单位贡献毛益减少，盈亏平衡点和保利点都会增大；反之，二者都会减小。 ③当只有固定成本变动时，固定成本越高，会使盈亏平衡点和保利点都增大；反之，二者都会减小。 ④当只有目标利润变动时，将不影响企业的盈亏平衡点，而保利点会增大；反之，保利点会减小
本量利关系中的敏感性分析	研究销售单价、单位变动成本、固定成本和销售量的变动对盈亏平衡点和目标利润的影响程度，以及企业由盈利转为亏损的过程中这些因素的变化情况和对利润的敏感性

由前述内容可知，企业通过本量利分析得出的盈亏平衡点，可帮助企业寻找保本不亏的方法。

成本管理之 ABC 成本分析

成本管理中的 ABC 成本法是一种定量管理方法，它要考虑事物的经济和技术等方面的特征，然后利用数理统计方法对事物进行统计、排列和分析，从而抓住主要矛盾，分清成本管理中的重点和非重点。

为什么是 ABC 成本法呢？因为该方法是基于活动的成本管理，即"Activities-Based Cost Method"，简写就成了 ABC 成本法。

　　一般的成本管理工作无法反映企业开展的经济活动与成本之间的直接联系，而 ABC 成本法就像一个中转器，对原来的成本方法做出调整，使企业能看到成本的消耗与经济活动之间的直接联系，这样企业和经营者就可知道哪些成本投入是有效的，哪些成本投入是无效的。

　　企业的大多数成本主要发生在采购和生产环节，因此 ABC 成本法主要关注生产运作过程，加强运作管理，进而加强成本管理。在利用该方法对企业的成本管理工作进行具体分析时，有一个明确的过程，包括 3 个环节，如图 6-8 所示。

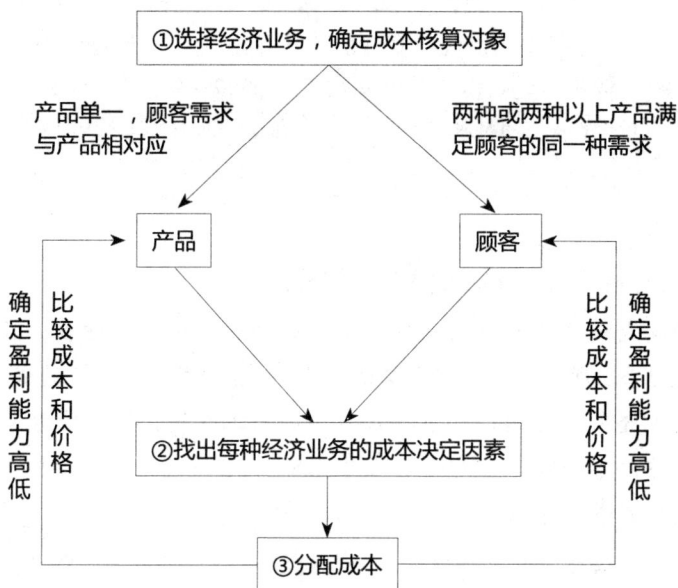

图 6-8　ABC 成本法的分析过程

　　老板要知道，在财会实务中，上图提及的成本核算对象不仅有产品和顾客，有时还会有市场、分销渠道或者相关项目等。

　　由于 ABC 成本法在运用时会涉及成本决定因素和具体的经济业务，而这两者在企业经营过程中是不断变化的，且 ABC 成本法运用的是这两者对应的历史数据，因此，为了确保历史数据和分析结果有效，该方法需要定期进行修订。而修订的目标是促使产品定价、产品本身以及市场份额等战略发生改变，进而提高企业的盈利能力。

> **小贴士** *ABC 管理法*
>
> ABC 管理法与 ABC 成本法不同，它是一种分类管理方法，即对所管理对象的各组成部分按照其重要程度进行分类，主要分为 A 类、B 类和 C 类。其中，A 类组成部分是管理的重点，B 类组成部分是管理的次重点，C 类组成部分是管理的一般类。ABC 管理法应用于物资管理、质量管理、成本管理、资金管理和生产管理等多个方面。
>
> 具体实施 ABC 管理法时，首先选取某一具体事项作为管理对象，对该对象进行数量分析，然后按照该对象的各个组成部分所占的比重，对各组成部分进行主次关系的排序，最后形成 A 类、B 类和 C 类这 3 类组成部分，从而抓住管理对象的重点问题进行管理，同时兼顾一般问题，用最少的人力、物力和财力实现最优的经济效益。

【案例分析】——ABC 成本法的实际运用

某公司是一家生产多种五金零部件的企业，由于品种多，且每一批次的量也很多，所以企业实行"以销定产"的生产模式。在旧的成本法下，核算出的制造费用远远高于直接成本中的人工费用，使企业经营者感到成本管理方法不合理。于是决定采用 ABC 成本法进行相关分析，从而改变企业的成本管理体系。

首先，根据公司的具体生产情况，选择一种经济业务，即产品生产，同时确定 6 种五金零部件产品作为成本核算对象。

其次，分析找出产品生产这一经济业务的成本决定因素，具体有人工工时、原材料投入、水电费消耗、零部件种类、订单数量以及客户数量等。

然后，分析各项成本信息，发现这 6 种五金零部件产品在生产过程中有很多人力的冗余和浪费，主要表现在车间管理人员的配置不合理上。这是造成制造费用远高于直接人工成本的一大原因。因此，公司决定降低车间管理人员薪酬这一成本投入的同时，核算每种五金零部件产品的合理成本。

最后，将各种产品的合理成本与其目前的销售定价进行比较，确定各种产品的盈利能力。

该案例中，在分析各项成本信息时，有具体的计算方法和过程，这一般是财务管理人员的工作，因此这里不作详述。

成本性态分析如何做

成本性态是指成本总额与业务总量之间的关系，如成本总额不随业务总量变化而变化；成本总额随业务总量变化而变化；以及成本总额中有一部分成本数额不随业务总量变化而变化，但剩余部分成本数额会随着业务总量变化而变化。这 3 种成本性态对应 3 种类型的成本，即固定成本、变动成本和混合成本。

成本性态分析就是指在明确各种成本性态的情况下，按照一定的方法和流程，将企业经营过程中涉及的全部成本都区分为固定成本和变动成本，进而建立成本管理函数模型的过程。一般来说，企业的成本管理函数模型就是如下所示的计算公式。

$$y=a+bx$$

其中，y 表示成本管理对象的总成本；a 表示成本管理对象在一定范围内耗费的固定成本总额；b 表示成本管理对象在一定范围内耗费的单位变动成本数额；x 表示成本管理对象总的生产量或销售量。

成本性态的分析首先要明确哪些是固定成本、哪些是变动成本；然后收集相关成本数据，看成本与业务量之间是否存在明显的数量关系；

最后分析某一个成本管理对象涉及的成本是固定成本还是变动成本，或者是既有固定成本又有变动成本。具体步骤如图 6-9 所示。

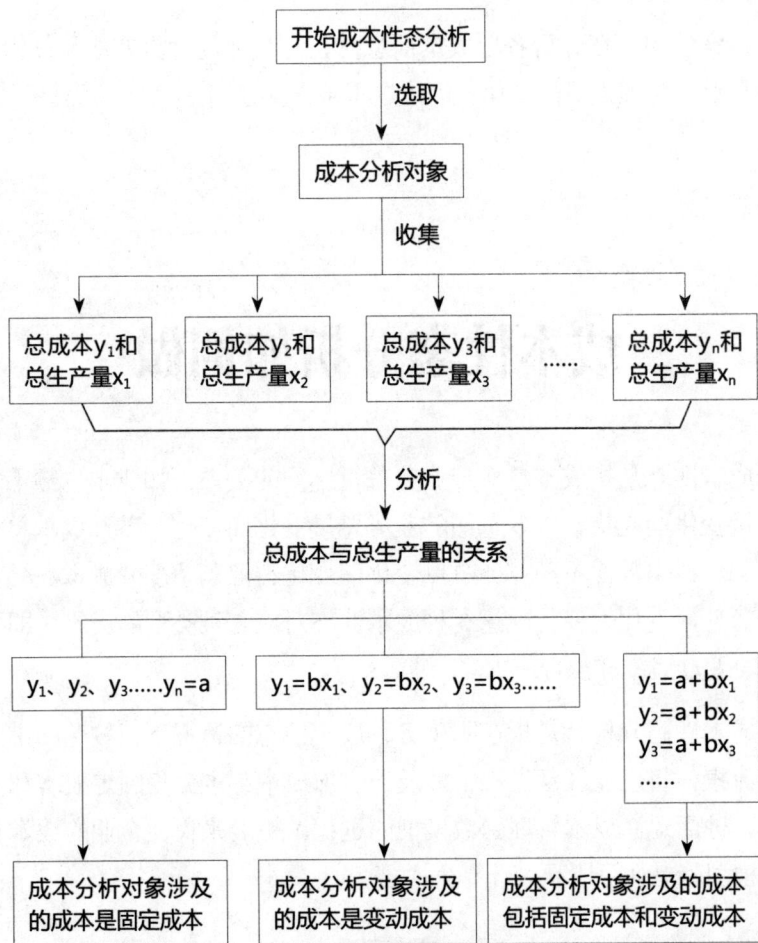

```
                    ┌─────────────────┐
                    │  开始成本性态分析  │
                    └─────────────────┘
                          │ 选取
                    ┌─────────────────┐
                    │   成本分析对象    │
                    └─────────────────┘
                          │ 收集
```

| 总成本y_1和总生产量x_1 | 总成本y_2和总生产量x_2 | 总成本y_3和总生产量x_3 | …… | 总成本y_n和总生产量x_n |

分析

总成本与总生产量的关系

y_1、y_2、y_3……$y_n=a$	$y_1=bx_1$、$y_2=bx_2$、$y_3=bx_3$……	$y_1=a+bx_1$ $y_2=a+bx_2$ $y_3=a+bx_3$ ……
成本分析对象涉及的成本是固定成本	成本分析对象涉及的成本是变动成本	成本分析对象涉及的成本包括固定成本和变动成本

图 6-9　成本性态分析的操作步骤

由于成本性态分析要在相关范围内进行，因此具有相对性和暂时性等特点。为了保证成本性态分析尽可能准确，企业必须选好这一相关范围。即便如此，成本性态分析得出的成本管理函数模型依然不能精确反映影响成本的各种要素的情况，所以成本性态分析得出的模型结果，只能作为企业站在系统的角度考量产品成本的组成情况和变动情况的依据，不能作为具体分析企业成本影响因素情况的依据。

那么，究竟"y=a+bx"这一成本管理模型存在什么问题，使得它不能精确反映影响成本的各要素情况呢？具体内容如下。

◆ 该模型只考虑了业务量变动对总成本的影响，而没有考虑原材料价格和企业经营者的各种决策活动对成本的影响。

◆ 该模型中，对于固定成本和变动成本的分解具有主观性和假设性，所以分解的结果并不十分准确。

◆ 该模型说明企业的成本和业务量之间呈完全线性关系，即系数 b 是恒定不变的。然而在实际经营过程中，成本与业务量之间的关系是非线性的，即 b 在不断变化，忽高忽低。

由此可见，成本性态分析的最大作用是进行定性分析，即分析某成本管理对象的成本是固定不变的，还是随业务量改变而发生改变的，或者是固定成本与变动成本的总计。

确定标准成本使其发挥控制作用

标准成本是指企业在正常且高效的运营状态下生产产品所耗费的成本水平。它是一种目标成本，而不是实际成本。它产生于企业的预算管理工作中。

在企业的成本控制工作中，核算标准成本是一项关键内容，它可用来与企业的实际成本进行对比，发现两者之间的差距，以及当前企业的成本管理工作中存在的问题。

就企业生产的各种产品来说，其成本构成中主要包括直接材料、直接人工和制造费用3项内容。要确定产品的标准成本，就要分别确定产品的直接材料标准成本、直接人工标准成本和制造费用标准成本。

1. 确定直接材料的标准成本

单位产品耗用的直接材料的标准成本由材料的用量标准和价格标准决定，如图6-10所示的是直接材料标准成本的确定过程。

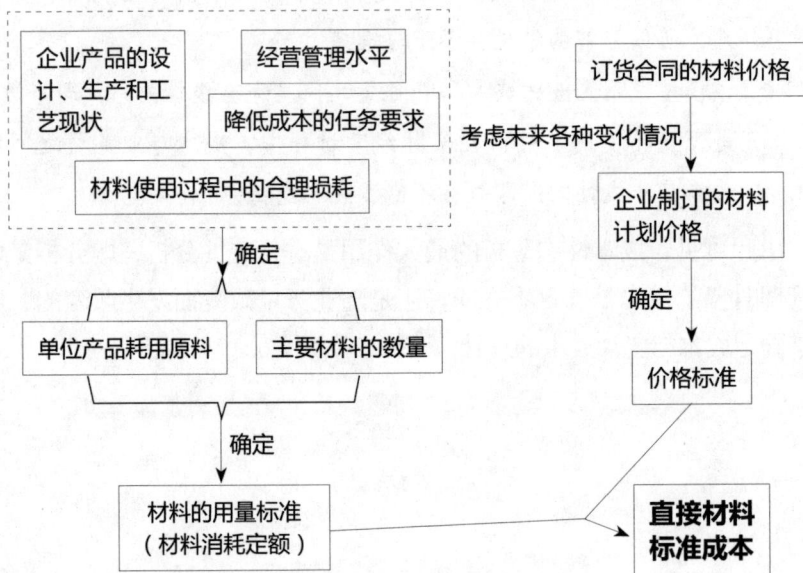

图6-10　直接材料标准成本的确定过程

在确定直接材料标准成本的过程中，会涉及如下所示的计算公式。

单位产品耗用的第n种材料的标准成本 = 材料n的价格标准 × 材料n的用料标准。

单位产品直接材料的标准成本 = 材料1的价格标准 × 材料1的用量标准 + 材料2的价格标准 × 材料2的用量标准 +……+ 材料n的价格标准 × 材料n的用量标准 = ∑材料n的价格标准 × 材料n的用量标准

2. 确定直接人工的标准成本

单位产品耗用的直接人工的标准成本由人工的用量标准和价格标准决定，如图 6-11 所示的是直接人工标准成本的确定过程。

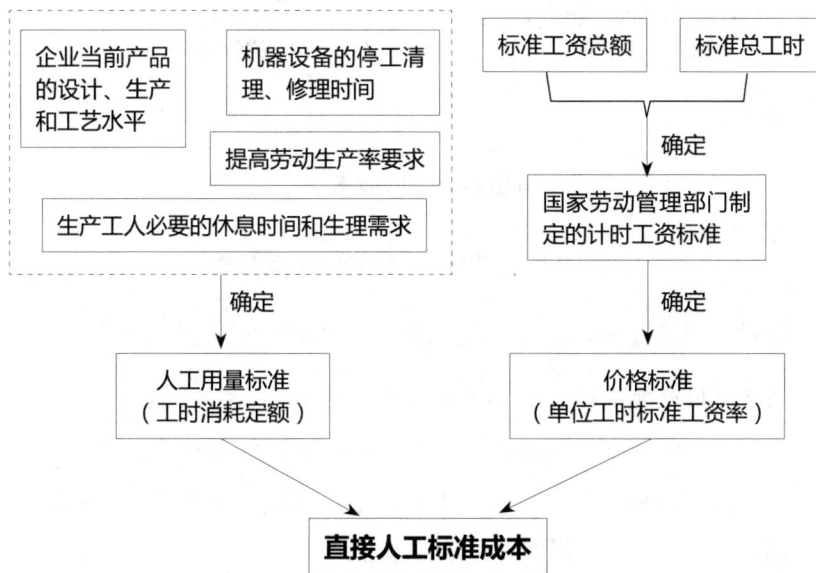

图 6-11　直接人工标准成本的确定过程

在确定直接人工标准成本的过程中，会涉及如下所示的计算公式。

标准工资率 = 标准工资总额 ÷ 标准总工时

单位产品直接人工标准成本 = 标准工资率 × 工时用量标准

注意，如果企业采用计件工资标准，则单位产品的直接人工标准成本的计算公式如下。

单位产品直接人工标准成本 = 每件产品的标准计件工资

3. 确定制造费用的标准成本

单位产品耗用的制造费用的标准成本由制造费用用量标准和价格标准决定，如图 6-12 所示的是制造费用标准成本的确定过程。

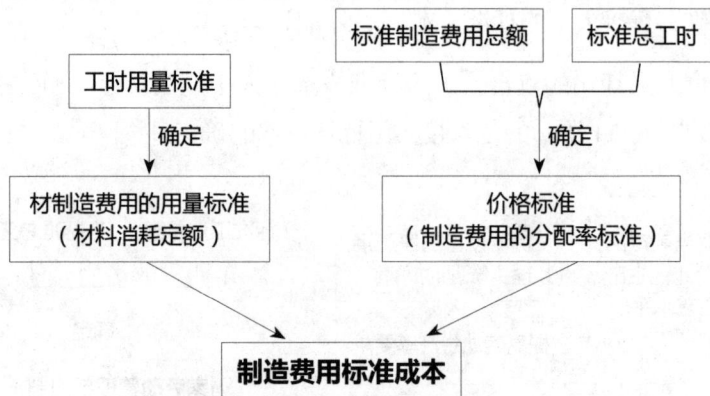

图 6-12　制造费用标准成本的确定过程

在确定制造费用标准成本的过程中，会涉及如下所示的计算公式。

制造费用分配率标准 = 标准制造费用总额 ÷ 标准总工时

单位产品制造费用标准成本 = 工时用量标准 × 制造费用分配率标准

最后将直接材料标准成本、直接人工标准成本和制造费用标准成本三者相加，可确定产品最终的标准成本。

标准成本的存在，如何控制企业的成本呢？如图 6-13 所示。

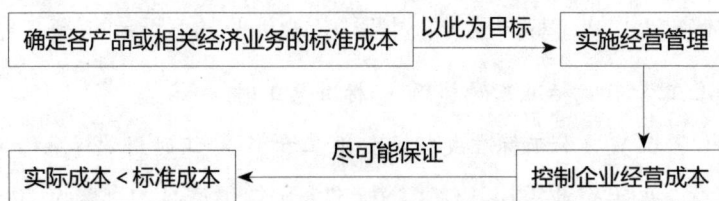

图 6-13　标准成本的成本控制作用

简单理解，就是将标准成本作为企业生产经营的成本目标和准则，让企业生产经营发生的实际成本低于这一目标，相应地就需要进行成本控制。标准成本就是给出企业控制成本的标准，让企业在保证产品和服务质量的同时提高成本利润率。

善于应用"边际贡献"

在本章"必须懂得重要工具本量利的分析"内容中提到边际贡献也称边际收益或贡献毛益。很多时候，边际贡献还被称为"边际效应"，它是指在企业生产经营过程中，其他投入确定不变的情况下，连续增加某一种投入并达到某个值以后，对应新增的产出或收益反而越来越少的现象。

老板要知道，企业可将"边际贡献"这一指标用于作出以下 3 种决策的分析工作中。

1. 是否接受客户追加订货的决策分析

客户追加订货时，如果企业接受了要求，就意味着需要增加生产投入，但由于边际贡献的存在，一旦企业的生产投入超过了某个值，新增的收益就会下降，即边际贡献会越来越小。

所以，企业在收到客户追加订货的请求时，要先核算边际贡献，若高于追加订货前的边际贡献，则可以接受客户的追加订货请求；若低于追加订货前的边际贡献，则不接受追加订货请求。

2. 是否开发新产品的决策分析

企业开发新产品时必然需要投入新的资本和资源。即使新产品的开发能为企业带来新的收益，但如果前提是投入会非常大，甚至会拉低整个企业生产经营的边际贡献值，则说明新产品的开发并不能提升企业的经营效益，其开发意义就不大。

所以，企业在研究是否开发新产品时，要考量新产品投入生产后企业的生产经营边际贡献值，若边际贡献会增大，则可实施新产品开发；反之，若边际贡献会减小，则应放弃新产品的开发决策。

3. 亏损产品是否停产或转产的决策分析

生产性企业在连续不断的生产经营过程中，难免会遇到产品质量较低、样式不新颖或颜色不符合大众审美等原因而造成市场滞销、库存积压的情况，进而发生经营亏损。此时，企业就要考虑是否要停止生产某种产品或某种产品的某个型号或颜色，是否需要转产等问题。

其中，停产的同时会减少投入，而转产会涉及投入量的改变。虽然停产以后会减少投入，但如果停产后的边际贡献小于转产后的边际贡献，则也应实施转产；反之，如果停产后的边际贡献高于转产后的边际贡献，则应选择停产。因此，亏损产品究竟是停产好还是转产好，可利用边际贡献来判断，进而作出相应的决策。

但需要特别注意的是，如果只针对亏损产品而言，其边际贡献大于0，则继续生产亏损产品所得的收入可弥补固定成本的支出，此时也不应该停产。

【案例分析】——边际贡献在亏损产品是否停产的决策中的应用

某服装生产公司主要生产3种类型的服饰，A类为女士衬衣，B类为男士衬衣，C类为女士裤装。由于C类女士裤装一直处于亏损状态，因此公司对其进行了停产处理，以期及时止损。

然而，停产C类女士裤装后，企业的部分机器设备闲置无用，但每个会计期间还是要进行折旧处理。通过财会人员仔细核算，发现停产后企业的生产经营边际贡献比停产前的边际贡献还低，于是又启动了C类女士裤装的生产线。

解析：C类女士裤装虽然处于亏损状态，但其售出后还是会给企业带来一定的收入，这些收入可弥补机器设备等固定成本的开支，使得生产经营的边际贡献不至于太低。而停止生产C类女士裤装后，企业不但没有了这部分产品的收入，同时还要正常支付机器设备等的固定成本开支，导致边际贡献反而比停产前的低。因此，企业又作出恢复生产C类女士裤装的决策。

第 **7** 章

管理好企业的流动资金

流动资金是企业内部变现能力最强的资产，流动资金越多，企业的短期偿债能力就越强。流动资金是企业经营管理过程中所必需的，所以也称为营业周转资金。由于企业的各方面业务都可能涉及流动资金，因此流动资金的管理对企业和企业老板来说非常重要。

资金管理是经营管理的核心

企业老板要知道，资金管理中的"资金"指企业的物资和各种货币资金，所以资金管理包括固定资金管理、流动资金管理和专项资金管理。固定资金管理是对企业内部固定资产占用或提现的资金进行管理；流动资金管理是对企业内外部所有资金流入和流出情况进行管理；专项资金管理就是对企业拥有的各种具有专门用途的资金进行管理。

企业的资金管理关系着企业的资金周转能力、偿债能力和盈利能力的高低，而这些能力又进一步决定了企业的发展能力，因此资金管理对企业的未来发展具有重要作用。那么，为什么说资金管理是经营管理的核心呢？主要体现在以下几个方面。

1. 资金管理涉及企业经营的方方面面

无论是企业的采购业务，还是生产业务，或者是销售业务、投资活动以及筹资活动，都会涉及款项的收付，即资金的流入、流出。对于企业财务部门来说，要对"银行存款""库存现金""原材料""存货""应收账款""应付账款""预收账款"以及"预付账款"等进行核算；对于采购部门来说，要进行采购资金的申请和报销；对于销售部门来说，要完成销售收入的汇报与记录；对于其他行政管理部门来说，要管理各种涉及资金变动的业务活动。

这些部门的管理工作共同构成了企业的经营管理体系，因此，资金管理就顺理成章地成为经营管理的核心内容。

2. 资金管理是其他各种管理的具体化表现

企业的固定资产管理、人力资源管理、行政管理、生产管理、销售管理和投融资管理等，最终都会表现为对资金的管理，如图 7-1 所示。

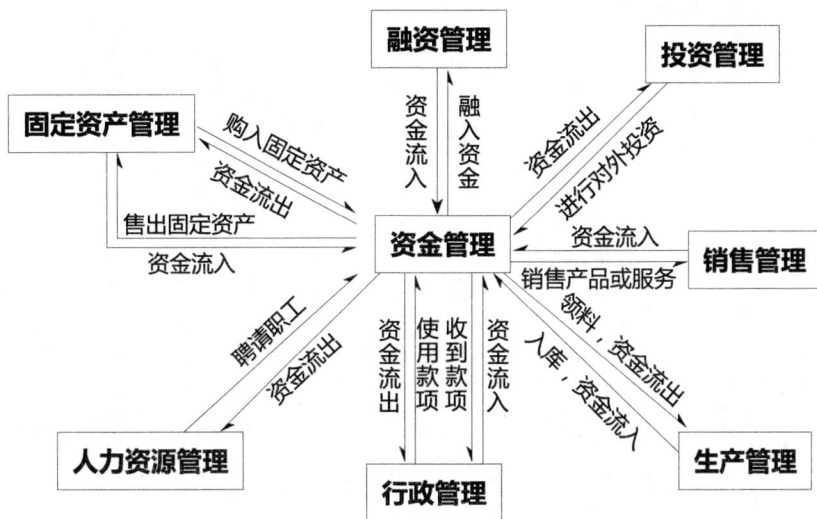

图 7-1　资金管理是其他各种管理的最终体现

上述各种管理工作中都会涉及具体的数据，而这些数据通过资金管理来进行反映和整合，最终体现在财务部门制作的各种凭证、账簿以及报表中，使各项管理工作的绩效更具体化。

3.资金管理不当会陷入各种风险

企业如果对资金的管理不合理，或者力度不够，会使企业陷入相应的经营风险中，具体表现为如表 7-1 所示的几点。

表 7-1　资金管理与风险的联系

资金管理的表现	风险
资金活动管控不严	可能导致资金被挪用、侵占、抽逃或欺诈，使企业陷入经济纠纷，甚至法律纠纷
资金调度不合理	可能导致资金运营不流畅，资金周转不灵或闲置，使企业无法正常经营，面临破产困境

续表

资金管理的表现	风险
资金管理模式不符合企业实际情况	不同的企业，其组织结构和管理模式是不同的，因此需要的资金管理模式也不同，如果在设计资金管理模式时不考虑自身企业的实际情况，那么再完善的资金管理模式对企业管理资金都没有作用，反而会使企业资金管理工作陷入混乱，引发财务风险
资金管理过于复杂	企业的资金管理工作若过于复杂，会把原本很简单的事情复杂化，进而增加管理资金的人力、物力和财力，使得资金的使用效率过低，不利于企业获取较高的经营效益，同时还可能使企业陷入账目混乱不清、纳税义务履行不到位的风险中

正是由于资金管理涉及上表中所示的这些经营风险，因此资金的管理工作就成了经营管理的核心，企业老板必须带领全公司将其做好。

老板要懂持有现金的三大动机

现金是一种典型的企业资金，广义上包括库存现金、银行存款和其他货币资金，在我国会计核算中，现金仅指库存现金。

相信很多人都会觉得企业持有现金的动机就是要让这些现金"生出"更多现金，即创造更多企业价值，相信很多企业老板仅仅停留在这种笼统的观点上。那么，企业持有现金的具体动机有哪些呢？内容如下。

1. 动机之一交易

企业生产经营离不开资金，尤其是现金，因此企业持有现金的首要动机就是满足日常生产经营所需。持有现金，就可用其购买生产所需的原材料、辅助材料以及机器设备和运输工具等固定资产；还可用其支付其他日常费用开支，如水电费、网络通信费和办公用品费等；也可用其研发生产技术或者进行对外投资等。

2. 动机之二预防

企业正常生产经营过程中，难免会遇到一些需要急用现金的突发状况。如果企业未持有足够的现金，则在遇到突发状况时就不能采取及时措施来应对和解决问题，很可能会使企业陷入资金周转不灵的窘境，严重时还会影响企业的正常经营。

所以，企业持有现金的另一动机就是预防突发状况出现时资金周转不过来的情况发生，相应地预防企业陷入运营困难的境地。

3. 动机之三获益

企业持有现金，不仅可以保障日常经营活动顺利开展，而且还可根据实际情况进行必要的投资，获取相应的收益。

比如，当银行利率下降时，企业可预测有价证券的价格会上升，则企业就可在有价证券上升之前用现金买入一定量的有价证券，待有价证券的价格上涨到一定水平时，卖出手里的有价证券，以获取价格差收益。

又比如，企业通过市场信息了解到某一个正在筹资的项目的存在，并通过自身内部的财务核算，发现该项目未来预期收益可观，风险也在企业的承受范围之内，则持有现金就可对该项目进行投资，从而期望在未来获取相应的投资收益。

小贴士 *什么是现金等价物*

现金等价物是指符合相关条件的流动性很强的短期投资资产，这里的相关条件有两个：一是很容易兑换成相应数量的现金；二是很快就会到期，一般为 3 个月内。

企业持有现金的收益动机中，用现金购买 3 个月内到期的债券，这些债券就是现金等价物。

保持最佳现金持有量

企业持有现金，是为了保证业务交易正常进行，也是为了预防突发状况对企业正常经营产生不利影响，更是为了获取一定的收益，所以持有现金是必需的。然而，如果企业持有过多的现金，就会造成现金冗余、闲置，不仅不能发挥使用效益，而且会变相增加企业管理现金的成本。因此，现金究竟持有多少才合理就成为现金管理中的关键之一。

现金持有多少合理就是要考虑最佳现金的持有量，它指既满足企业的生产经营需求，又能发挥出现金的最高使用效率和效益时的现金最低持有量。企业的最佳现金持有量能使现金管理的各项成本之和最低，进而使现金使用成本最低。

企业在确定自身的最佳现金持有量时，需根据实际情况选择不同的模式核算确定。一般来说，有如下 4 种模式可供企业选择使用。

1. 成本分析模式

成本分析模式就是预测现金使用总成本最低时的现金持有量。运用该模式时，只考虑企业因持有一定量的现金而发生的机会成本和短缺成本，不考虑现金的管理成本和转换成本。具体确定步骤如图 7-2 所示。

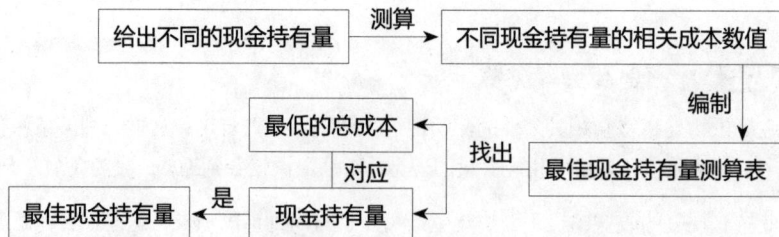

图 7-2　成本分析模式下最佳现金持有量的确定过程

在成本分析模式下，各相关成本的含义及其数值的计算由来如表 7-2 所示。

表 7-2　成本分析模式的应用要素

成本类型	含义及计算
机会成本	指企业为了保留一定的现金而增加的管理费用和丧失的用这一部分现金进行其他投资而获取的收益。这里的投资收益与现金持有量成正比关系，即： 机会成本 = 现金持有量 × 有价证券利率
短缺成本	指企业现金持有量不能满足正常经营需求且又无法及时变现其他资产来应急而给企业造成的损失。由此可见，该损失与现金持有量成反比关系，即现金持有量越高，造成损失的可能性越低或者损失的额度越小
管理成本	指企业为了保留一定的现金并对其进行管理而发生的各种费用，通常该费用与企业现金持有量之间没有明显的正比或反比关系
转换成本	指企业用现金购买有价证券或转让有价证券以获取现金时付出的交易费用，一般来说，该费用的高低只与用于购买有价证券的现金数额有关，与企业实际现金持有量没有直接关系

成本分析模式下，现金的机会成本与短缺成本共同决定企业的现金持有量，也借此确定最佳现金持有量，模型如图 7-3 所示。

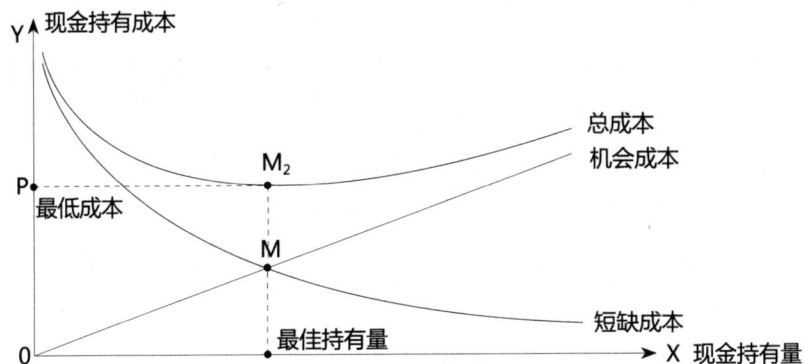

图 7-3　成本分析模式下的现金持有成本和最佳现金持有量

【案例分析】——以成本分析模式确定企业的最佳现金持有量

某公司为了提高企业的现金使用效率，于是组织财务部门人员确定企业的最佳现金持有量。已知相关人员提出了 5 种现金持有方案，具体数据如表 7-3 所示。

表 7-3 企业现金持有量的方案   单位：万元

项目	方案 1	方案 2	方案 3	方案 4	方案 5
现金持有量	60	90	120	150	200
有价证券利率	13%	13%	13%	13%	13%
机会成本	7.8	11.7	15.6	19.5	26
短缺成本	50	30	15	6	0
相关总成本	57.8	41.7	30.6	25.5	26

机会成本＝现金持有量 × 有价证券利率

当现金持有量为 60 万元时，机会成本为 7.8 万元；现金持有量为 90 万元时，机会成本为 11.7 万元，以此类推，求出后 3 种方案的机会成本如上表所示。5 种方案的机会成本分别加上各自的短缺成本，最终得出如表所示的相关总成本，可见当现金持有量为 150 万元时，相关总成本最低为 25.5 万元，此时的现金持有量 150 万元为最佳现金持有量。

2. 存货模式

采用存货模式确定企业的最佳现金持有量时，需要借助存货的经济订货批量模型，其原理也是相关总成本最低。但要知道，利用该模式确定最佳现金持有量时，要以下列所示的假设为前提，若有其中一项不满足，企业就不能利用存货模式来确定最佳现金持有量。

◆ 企业需要的现金可通过证券变现取得，且证券变现存在较小的不确定性。

◆ 预算期内的企业现金需求量可预测。

◆ 现金的支出过程较稳定，波动较小，且当现金余额为 0 时均可通过证券变现来补充。

◆　证券的利率或报酬率，以及每次转换的固定性交易费用可确定。

由此可见，该模式下企业不存在现金短缺的问题，所以相关成本只有机会成本和转换成本。相关计算公式如下。

持有现金的相关总成本＝机会成本＋转换成本＝最佳现金持有量÷2×有价证券利率＋一个周期内现金需求总量÷最佳现金持有量×每次有价证券转换为现金的成本

利用求一阶导数的方法，可求得相关总成本最低时的最佳现金持有量。计算公式如下。

$$最佳现金持有量 = \sqrt{\frac{2 \times C \times 每次有价证券转换为现金的成本}{i}}$$

$$相关最低总成本 = \sqrt{2 \times C \times 每次有价证券转换为现金的成本 \times i}$$

上述公式中，C 表示一个周期内现金需求总量；i 表示有价证券的利息率或机会成本率。

【案例分析】——以存货模式确定企业的最佳现金持有量

某公司是一家发展较成熟的生产性企业，该企业每年的现金需求总量变化不大，且预计全年需求总量达 200 万元。已知当前市场中，有价证券的利息率为 14%，且现金与有价证券之间的转换成本每次为 250 元。那么，该公司的最佳现金持有量是多少呢？

$$最佳现金持有量 = \sqrt{\frac{2 \times 2\,000\,000 \times 250}{14\%}} = 84\,515.43（元）$$

$$相关最低总成本 = \sqrt{2 \times 2\,000\,000 \times 250 \times 14\%} = 11\,832.16（元）$$

所以，该公司的最佳现金持有量为 84 515.43 元，对应的相关最低总成本为 11 832.16 元。

3. 现金周转模式

在现金周转模式下，企业通过现金周转期来确定最佳现金持有量。这里的现金周转期指现金投入生产经营开始，到最终又转化为现金的期间。需要注意，利用该模式确定企业的最佳现金持有量时，也必须符合一定的前提条件，即企业计算期内的现金需求总量是可预测的，且现金周转天数和次数的测算结果比较符合实际。即使未来年度的现金周转率与历史年度有差异，但只要差异可预测，该模式也可使用。相关计算公式如下。

现金周转期 = 存货周转期 + 应收账款周转期 − 应付账款周转期

现金周转率 = 计算期天数（通常以 360 天为准）÷ 现金周转期

最佳现金持有量 = 预计现金年需求总量 ÷ 现金周转率

【案例分析】——以现金周转模式确定企业的最佳现金持有量

已知某公司的存货每 7 天周转一次，应收账款每 30 天周转一次，应付账款每 40 天周转一次。预计全年现金需求总量为 200 万元，则该公司的最佳现金持有量为多少呢？

存货周转期 = 存货周转天数 =7（天）

应收账款周转期 = 应收账款周转天数 =30（天）

应付账款周转期 = 应付账款周转天数 =40（天）

现金周转期 =7+30+40=77（天）

现金周转率 =360÷77=4.68

最佳现金持有量 =2 000 000÷4.68=427 350.43（元）

所以，该公司的最佳现金持有量为 427 350.43 元。

4. 随机模式

在企业现金流入和流出情况不稳定时，企业将利用随机模式确定最佳现金持有量。该模式的基本原理是控制理论，需建立两条控制线和一条回归线，以此来确定现金持有量的控制范围。

这两条控制线中，其中一条是现金持有量的控制上线，另外一条是控制下线，而回归线是目标现金持有量的指示线。

该模式的计算过程较复杂，且计算出的现金持有量比较保守，因此企业实际经营过程中应用较少，这里就不作详述。

综上所述，企业确定了最佳现金持有量后，可减少现金使用的总成本，进而提高现金的成本利润率，增强企业盈利能力。

预测未来现金流

预测未来现金流就是对企业未来几个月或几个季度内的资金流入与流出情况进行预估、测算。相信很多老板都知道，进行未来现金流的预测，可以帮助企业合理规划现金收支业务，协调现金收支与经营、投资和筹资等活动之间的关系，从而控制现金的流入与流出，保证现金的收支可以平衡，企业的偿债能力较强。

企业预测未来现金流的工作包括两部分，一是对现金流入的预测，二是对现金流出的预测。具体的预测方法有如下 3 种。

1. 现金收支法

现金收支法是一种确定现金余缺的方法，它先将预测期全部可能发生的现金收支进行分类，然后分别测算。具体操作步骤如图 7-4 所示。

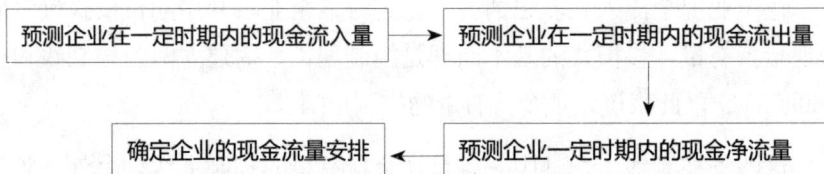

图 7-4　现金收支法预测未来现金流的过程

2. 净收益调整法

净收益调整法是指企业按照实际收付现金的情况调整净收益，然后确定未来现金流量。具体操作步骤如图 7-5 所示。

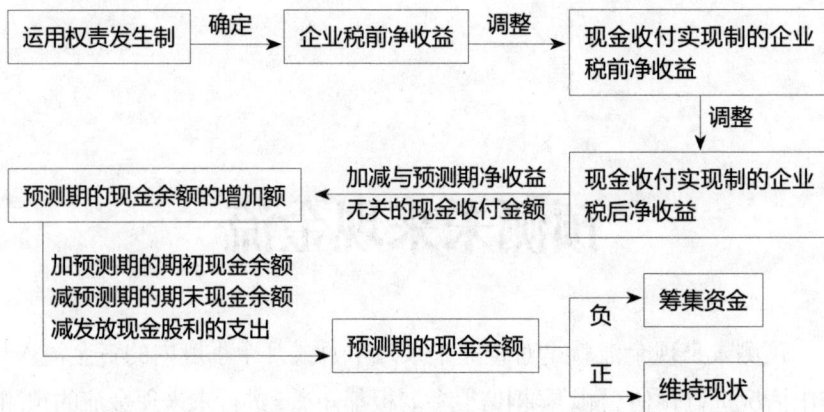

图 7-5　净收益调整法预测未来现金流的过程

利用净收益调整法不仅可以预测企业未来现金流的具体情况，还能判断未来现金流是否能满足企业的生产经营需求，当预测出一定期间内的现金余额为负时，就需要企业及时筹资，以保证现金流量平衡。

3. 科学预测法

科学预测法是指利用企业以前年度的历史数据，使用科学的数学预测算法，直接预测企业未来的现金留存量。当企业主营业务不变时，时间规律和业务波动情况的变化就会非常小，此时只要找到现金流量的增长率就能预测出未来现金流量情况。由此可见，该方法只适用于经营规模和经营业务都比较稳定的企业，对于正处于发展期的企业或者经营范围较广的企业不适用。

应收账款也有成本

应收账款是企业在正常生产经营过程中因销售商品、产品或提供劳务与服务等而应该向购买方收取但尚未收到的款项，它是企业的一项债权，债务人是暂时占用企业资金的购买方。

应收账款在一定程度上促进了销售，同时为企业减少了存货。但因为应收账款反映的是购货方占用企业的资金额，虽是企业收入的一部分，但发生时还没有确认为收入，即企业还没有实际收到这部分货款，企业不仅要花人力和时间来督促购买方及时付款，同时还要承担这部分应收账款收不回来的风险，因此应收账款对企业来说还存在各种成本。

1. 机会成本

应收账款的机会成本指因资金被购买方占用而损失的其他收入，该成本的大小与企业维持赊销业务所需的资金数量和资金成本率有关。具体计算公式如下。

应收账款的机会成本 = 赊销业务所需资金 × 资金成本率

赊销业务所需资金 = 应收账款平均余额 × 变动成本率

应收账款平均余额 = 平均每日赊销额 × 平均收账天数

在确定平均收账天数时，先计算每个购买方的赊销额占总赊销额的百分比，然后将该百分比作为权数，分别计算每个购买方的收账天数，最后求得这些购买方收账天数的加权平均数，即为平均收账天数。而资金成本率一般指有价证券的利息率。

$$平均收账天数 = \sum 购买方 n 的收账天数 \times \frac{购买方 n 的赊销额}{所有购买方的赊销总额}$$

上述公式中，购买方 n 是指购买方 1、购买方 2……

【案例分析】——确定企业应收账款的机会成本

某公司 2019 年 9 月底对应收账款进行定期账龄分析时，发现还有 5 位客户购买了本企业的产品还未支付货款。各客户的欠款数额及收账天数情况如表 7-4 所示。

表 7-4 企业客户应收账款的情况

客户	欠款数额（元）	收账天数（天）
1	80 000	20
2	60 000	15
3	110 000	20
4	150 000	20
5	100 000	15

已知该公司的资金成本率为 12%，平均每日赊销额为 1 300 元，变动成本率为 75%。那么，相关计算结果如下。

5 位客户欠款总额 =8+6+11+15+10=50（万元）

平均收账天数 =20×（8÷50）+15×（6÷50）+20×（11÷50）+20×（15÷50）+15×（10÷50）=3.2+1.8+4.4+6+3=18.4（天）

应收账款平均余额 =1 300×18.4=23 920（元）

赊销业务所需资金 =23 920 ×75%=17 940（元）

应收账款的机会成本 =17 940×12%=2 152.8（元）

从上述案例的计算过程可知，企业的机会成本与平均每日赊销额、变动成本率以及平均收账天数等均成正比关系。

2. 管理成本

应收账款的管理成本指企业管理应收账款而发生的各种费用开支，主要包括调查购买方的资信、收集各种信息等发生的费用，记录应收账款情况、催收账款以及其他管理事项发生的费用。

3. 坏账成本

应收账款的坏账成本是指企业的应收账款收不回来而引起的损失，这一项成本通常与应收账款的数量成正比关系，即应收账款越多，坏账成本就越多。所以企业为了防止因发生坏账成本而给企业生产经营活动带来不利影响，要合理地提取坏账准备。

对企业老板来说，只是了解应收账款存在哪些成本还不够，还需知道降低应收账款成本的方法，这样可帮助老板管理好企业的流动资金，防止企业的正常经营活动受到资金波动的影响。那么降低应收账款成本的方法究竟有哪些呢？主要从防止坏账入手。

企业通过防止坏账的发生，直接降低坏账损失这一坏账成本，同时还能降低坏账带来的其他一些间接损失对应的坏账成本。相关方法如表7-5 所示。

表 7-5　防止坏账的方法

方法	操作
加强客户档案管理	对客户资料建立专门的档案，销售部和财务部要分别做好销售情况的记录和应收账款起止日期、金额等的记录工作，尽量做到对客户的信息了如指掌

续表

方法	操作
加强信用管理	按照客户的信用好坏对其进行分类，对信用好的客户适当放宽信用额度和信用期限；对信用差的客户要加强应收账款的管理，必要时采取现款交易的手段防止坏账发生；对信用一般的客户可保持原来的信用额度和信用期限
及时做好账龄分析	定期对企业的应收账款进行账龄分析，监控各客户的应收账款的到期日，及时收回款项
及时对账	企业进行账龄分析的同时，要与客户方及时对账，确保应付账款的记录与本企业各客户的应收账款记录相一致，防止企业发生账款记录不一致而引起的经济损失
加强货款催收力度	企业应指派专门的人员进行应收账款的催收工作，使企业的货款催收不只停留在"提醒"的层面，可制定多层次催收策略，如先进行提醒，即在企业签合同和发货等环节提醒客户的信用期限和最后付款日期；若到期后客户还未付款，然后再明确要求客户支付货款，此时态度要比"提醒"稍微强硬一些，可投其所好，说服客户开心并自愿付款；若前两种办法还是不能收回货款，就需要向客户施压，迫使其支付货款

掌握防止坏账的方法，就能有效降低坏账损失发生的可能性，进而降低坏账成本。

如何制定合理的信用政策

信用政策是企业管理应收账款的一种行为规范，用来规划和控制应收账款的具体情况，是企业财务政策的重要组成部分。一般来说，企业的信用政策包括信用标准、信用条件和收账政策这3方面内容，具体说明如表 7-6 所示。

表 7-6　信用政策的内容

内容	说明
信用标准	是客户获得企业的交易信用应具备的条件，用来判断客户是否获得企业的信用以及可以获得多大程度的信用。也就是说，客户若不具备这些条件，就不能享受企业的信用或只能享受较低的信用优惠。从定量角度看，一般用坏账损失率来作为信用标准；从定性角度看，一般以"5C"系统给出信用标准，即客户的品质与信誉（履行偿债义务的可能性）、客户的偿债能力、客户的资本情况（财务实力和财务状况）、客户是否有在付款或无力付款时能用作抵押的资产以及客户的自身条件（可能影响客户付款能力的经济环境）
信用条件	包括企业给予客户的信用期限、现金折扣率以及折扣期限等具体内容，如常见的"2/10, 1/20, n/30"，表示从企业开具销货发票日算起，客户 10 天内付清款项，可享受 2% 的现金折扣；客户 10 天以后 20 天以内付清款项，可享受 1% 的现金折扣；客户超过 20 天付款的，不享受任何现金折扣，这里的 10 天和 20 天为折扣期限，所以超过折扣期限的全额付款，30 天为信用期限，即客户最迟 30 天内付清款项
收账政策	指企业对逾期不付款的客户采取的收回货款的策略，对信用度很高的客户可采用宽松的收账政策，即逾期不付款时给出尽可能长的付款期；对信用度很低的客户可采用严格的收账政策，即逾期不付款时要加收一定的滞纳金或按比例收取一定的违约金等

对企业来说，要如何做才能制定出合理的信用政策呢？这就要求企业在制定信用政策时，必须考虑如下一些因素。

◆　明确企业信用管理的目标

企业实施信用管理，并不是通过避免风险而丢失经济业务或发展机会，而是给企业确定一个可承担风险范围，从而增加有效且有利可图的销售收入。然而，提高销售收入、降低经营风险等目的要通过相应的指标来具体表现、衡量和考核，这就需要企业制定相应的信用管理目标。

一般来说，企业的信用管理目标就是建立合理的信用政策，保证企业顺利实现销售目标，同时保证企业的回款速度，降低坏账率。

◆ 组织结构

企业制定的信用政策要符合其组织结构，一方面要规定组织结构中谁对整个信用管理流程负责，谁有权调整企业的信用政策；另一方面要通过信用政策规定参与信用管理的人员有哪些、组成结构是怎样的、工作范围是什么以及相关委托权责的界定等。

◆ 要涵盖企业对客户进行信用评估的相关内容

企业制定的信用政策中，要包括对客户进行信用评估的依据、方法和目的等内容。比如，规定信用评估依据有客户的付款记录、财务状况和历史赊销货款的情况等，评估方法为将各评估依据的影响值进行加权平均，以计算结果来确定给予客户的信用额度和信用条款等；或者还可规定客户如何进行信用申请、如何增加信用额度以及延长赊销时间需要满足什么条件等。

◆ 写明信用政策的具体内容

企业的信用政策必须包括完整的信用标准、信用条件和收账政策等内容，做到有据可依。

◆ 要规定信用核查工作内容

企业制定的信用政策中，要明确规定对客户进行信用核查的工作内容，包括多长时间对客户进行一次信用核查、信用核查的具体核查内容有哪些、信用核查结果有哪些情形以及客户信用度降低或提升时如何改变对其实行的信用政策等。

◆ 执行信用政策的相关操作

企业制定的信用政策中，要包括企业如何执行信用政策的内容，比如什么时候进行客户的信用核查、什么时候与客户进行应收账款的对账工作、与客户的账目不符时应如何处理以及企业其他相关人员如何配合执行信用政策的工作等。

◆　企业信用政策应考虑的因素

企业制定的信用政策除了应包括前述内容外，还需说明客户破产后企业应采取的措施和坏账注销程序等内容，要注明信用管理报告的编制工作内容和具体的报告格式，以及如何衡量企业各部门在信用管理中的业绩等。

资金链断裂的原因及对策

什么是资金链？什么叫资金链断裂？很多人都会说只可意会不可言传。实际上，资金链就是企业正常生产经营过程中由所需基本循环资金流动形成的一种链条，大致表现为"现金→资产→现金（增值）"的循环。

在这一循环过程中，现金进入循环链条的过程，通常被称为"资金投入链"；而现金用来购置资产，再由资产变现为现金的这一过程，通常被称为"资金运营链"；单就资产变现为现金的这一过程，被称为"资金回笼链"。

资金投入链与企业筹资活动密切相关，而筹资能力却会受资金运营链影响。资金运营链是企业资金链的关键，一旦出问题，企业的流动比率、速动比率等都会偏低，资金链会变得脆弱。资金回笼链更是重中之重，关系着企业资金是否能收回，若不能，则资金链肯定会断裂。

资金链断裂就是指"现金→资产→现金（增值）"这一循环过程不能完成，中途的资金流动行为被切断，可能是没有足够的资金用于购置生产经营所需的资产，也可能是企业拥有的资产不能为企业创造价值，即资产不能过渡到现金（增值）环节。

那么，企业如何应对可能发生的资金链断裂问题呢？这就要求老板和经营者必须先了解资金链断裂的各种可能原因，然后掌握资金链断裂后的一些积极应对措施。下面将从这两方面进行具体讲解。

1. 资金链断裂的原因

老板要知道，企业资金链断裂的原因有很多，只有全面了解，才能更好地防止其断裂。常见的原因如表 7-7 所示。

表 7-7　资金链断裂的原因

原因	说明
营运资金被大量占用	营运资金被大量占用表现为存货和应收账款等太多，使得企业可用于经营周转的现金非常少。所以，企业无法及时采购生产所需的原材料，更无法购置生产所需的各种机器设备，生产活动无法进行，产品无法产出，企业将没有销售收入，进而不能继续经营，无法完成"现金→资产→现金"的过程
资产太多使企业资金变现能力下降	如果企业持有过多的不能及时变现的资产，如厂房、办公楼、大型机器设备、员工宿舍楼和食堂以及货物仓库等，不仅会占用企业的大量资金，还会在市场经济不景气时使得这些资产的价值严重缩水，从而变相地损失了企业的资金，还会使企业无法及时获取资金来完成正常的生产经营活动，资金链无法闭合
担保过度而承担支付责任	企业若为他人或其他企业做担保，一旦他人或其他企业无法履行债务责任，作为担保人的企业就会被迫承担支付责任。如果企业担保过多，就会承担过多的支付责任，会大量消耗企业的现金，导致生产经营所需的现金无法得到满足，后续的经营活动无法正常开展，同样不能完成资金链的循环过程
盲目扩张使资金没有发挥正常效用	有些企业在自身资金实力还不够强大时就想着扩张规模，甚至想通过实施多元化经营来提高收入，殊不知这样会使企业的资金用到不该用的地方，降低企业的资金使用效益，另外还会影响企业的正常经营，使企业的资金循环过程不能实现
投融资决策不协调	有些企业为了避免支付过多的借款利息，会选择申请短期借款。然而，企业又会用这些借款来进行长期投资，以期获取可观的投资收益，这样很容易使投资还没有获取收益就到了偿还借款的时间，企业没有可用的资金用于偿债，如果撤回投资，又会损失投资收益，甚至打乱企业的整个经营布局，资金链很容易断裂

续表

原因	说明
应付账款过多	很多企业想利用财务杠杆来节约资金成本，经营活动中主要表现为"应付账款"挂账，占用供应商的资金来实现企业的经营目的。然而，企业应付账款过多，后期企业可能用完所有资金都无法偿还全部的应付账款，这时企业资金链就会断裂，将没有剩余资金用于生产经营
企业内部存在舞弊行为	企业经营过程中，若存在很严重的财务舞弊行为，如挪用公款、私吞公款、公款私用以及行贿受贿等，不仅会损失企业的经营资金，还会使企业资金管理存在诸多隐患，使企业资金投入不到位，使用不及时，回笼无法实现，资金链不成"链条"
企业资金管理体系不完善	企业资金管理是一项重要的管理工作，涉及生产经营的方方面面，一旦管理体系不完善，或多或少就会出现管理漏洞，使资金的使用无法得到严格的规范和监督，错用、乱用和滥用资金的现象增多，资金的使用效率不高，资金链无法得到正常的维护，任何时候都可能出现裂口，时间长了就会断裂
外部经济环境的不利影响	企业外部的经济环境复杂多变，如果出现金融危机或者整个经济市场不景气，则企业的运营也会受到影响，不仅经营成本会升高，而且销售市场也会萎缩，即使企业铆足劲也没办法增加收入，更没办法利用收入来抵偿成本，盈利能力低下，企业拥有的资金越来越少，经营活动越来越难开展，资金链岌岌可危

随着经济高速发展，企业资金链断裂的原因不仅限于上表所示的这些，还有一些原因是潜藏在企业的整个生产经营过程中，只是目前还未明显表现出来。

2. 资金链断裂的对策

资金链断裂对企业来说是一个严重的问题，它关系着企业是否能够继续经营下去。企业不仅要重视资金链断裂问题，更要切实掌握资金链断裂的各种应对策略，包括事前防范、事中控制和事后弥补。

针对前述提及的各种导致企业资金链断裂的原因，可总结出如表 7-8 所示的一些对策。

表 7-8　资金链断裂的应对策略

环节	对策
事前防范	制定严格的存货管理制度，核定订货批量，适当减少企业库存数量，使企业保存足够多的活动资金；制定合理的往来账管理制度，合理确定信用期和赊销条件，减少企业的"应收账款"数量，降低该收的资金收不回来的可能性，减少坏账损失
	充分发挥各种固定资产和无形资产的使用效率，避免这些资产闲置而不创造生产价值，这样可节约相应的活动资金用于企业运营周转
	适当提高担保条件，同时加强担保事项的审核，避免为信用不良的个人或企业做担保而支付不必要的款项，增加企业的资金使用压力
	量力而行，正确评估企业自身的实力，确保在有足够强的实力时进行业务扩张，防止资金用在不必要的地方
	企业经营过程中，前后形成的投融资策略要相适应，保证两者相辅相成，既要做到融入的资金能在不影响投资的情况下及时偿还，也要做到融入的资金不会被闲置
	不要太依赖于企业的财务杠杆而过多挂账"应付账款"，避免以后偿还不了这些款项，反而使企业资金不足的情况发生
	完善企业的资金管理体系，规范、约束和监督员工的行为，防止舞弊行为，加强资金的管理，提高资金的使用效率
	做好全面的风险防范措施，降低风险发生的可能性
	做好资金预算工作，为企业持有资金提供可靠的依据
事中控制	在生产经营过程中，实时监控资金的来龙去脉和具体使用情况，一旦发现有异常，及时采取应对措施进行修正和调整
	根据资金实际使用情况和资金预算计划情况的对比结果，实时调整企业的资金预算计划，使企业能随时保证持有足够的资金用于经营
事后弥补	若资金链已经断裂，则需要通过相应的融资途径和手段弥补资金缺口，修复资金链

第 8 章

把脉企业经营管理状况

企业的经营管理状况是指企业在商品市场中发生的采购、生产和销售等经济活动的现状，以及对应的资金、资本和相关能力的情况等。在实务中，企业的经营管理状况一般需要通过一些重要的财务指标来反映，并从这些指标的计算结果来判断和预估企业的管理现状。

企业战略能力对企业有哪些帮助

企业的战略能力是指能使企业内部资源与外部环境相匹配的能力，换句话说，就是企业将资源、能力和战略这三者有机结合的能力。

企业战略能力由企业在不断的成长过程中积累而成，具有累积性、基础性、系统性、全局性和方向性，不仅可以使企业获得竞争优势，还能帮助企业实现稳定的、可持续的发展。下面具体列举企业战略能力对企业的一些帮助。

◆ 使企业看待问题更客观

企业战略能力的全局性、基础性和累积性，决定了战略能力能使企业站在一个更客观的角度看待问题，不会只在乎企业短时间内或某一小方面的得失，而是看得更宽、更长远，更重视企业未来的、长期性的发展，会多方面考虑问题，比如在追求高销售增长率的同时，保证较高的成本利润率。

◆ 使企业更有效地找准发展目标

企业战略的系统性、方向性和全局性，可在企业发展过程中为企业指明前进的道路。老板作为领航人，需要发挥自身的能力将企业的战略能力转变为一盏指路明灯，领航人手持指路明灯，为企业照亮前路，使员工和管理者能在这条道路上快速、精准地找到经营目标和发展目标。

实际操作中，企业利用战略能力，将大方向的发展战略分解为细小的工作目标，下属员工再按照这些工作目标行事。

◆ 可促使企业做好全面预算工作

企业的战略目标是建立在各种预算工作上的，发挥战略能力，就是企业按照预算执行工作而实现战略目标的过程。因此要发挥企业的战略能力，进而达到战略目标，就需要企业进行全面的预算管理，无形中促使企业做好全面预算工作。

◆　可有效调配企业的各种资源

企业发挥战略能力，会把资源、能力和战略有机融合，使资源被充分利用，企业的各种能力得到有效的发挥，战略部署得到最彻底的执行。在融合过程中，企业的各种资源的组成情况和配比结构会随着生产经营活动的变化而发生改变，会尽可能地减少资源浪费，尤其是人力资源的调配成果会更明显，发挥战略能力的过程中会充分调动企业员工的工作积极性，同时使各员工发挥最大的作用，为企业经营发展做出贡献。

◆　可增强企业的竞争力

企业发挥其战略能力，可促使企业决策层和高级管理者对利益的追求不局限在部门，而更多的从企业整体利益考虑现实问题，使企业上下一心，目标一致，迅速有效地跨越部门，整合和优化企业的资源与能力。使企业各方面都有发展前景，增强企业的竞争力，帮助企业在经济市场中谋求一个具有竞争优势的地位。

◆　可提高企业的格局和声誉

企业的战略能力越强，企业实现战略目标的可能性就越大，而战略目标通常代表着企业在大局方面的策略导向，体现着企业的格局和声誉。因此，战略能力能帮助企业提高自身格局，打响声誉，让企业在理解和处理相关事务时可站在更理性、更高端、更新颖和更温和的角度，从而提升企业在同行业中的威望，利于后续发展。

◆　为企业谋求更好更多的发展机会

企业的战略目标中有扩张目标和投资目标，战略能力的发挥可使企业尽可能地寻找利于日后发展的扩张机会和投资机会，使企业在规定时间内找到发展的契机，从而抓住机会，更高效、稳健发展。

评估企业营运能力
就是考验资金使用效率

企业的营运能力与企业的各种资源周转情况有关，更是与资金的使用情况密切相关。营运能力也称运营能力，包括人力资源的运营能力和生产资料的运营能力。

资金使用效率是评价企业资金使用效果的一个参数，实务中通过资产周转率来体现，主要有存货周转率、应收账款周转率、流动资产周转率、固定资产周转率和总资产周转率等。

下面通过这些周转率来了解如何评估企业的营运能力。

1. 存货周转率

存货周转率指一定时期内企业的存货周转次数，通常以一定时期内的销售成本与存货平均余额的比率来表示，计算公式如下。

$$存货周转率 = 销售成本 \div 存货平均余额$$
$$存货平均余额 = （期初存货余额 + 期末存货余额）\div 2$$

这里的销售成本一般以利润表中的营业成本为准。在分析企业的存货周转率时，往往还需要计算存货周转天数，计算公式直接与存货周转率挂钩。

$$存货周转天数 = 360 \div 存货周转率 = 360 \times 存货平均余额 \div 销售成本$$

存货周转率反映企业存货的利用率和变现速度，在正常经营情况下，存货周转率与企业的营运能力之间的关系如图 8-1 所示。

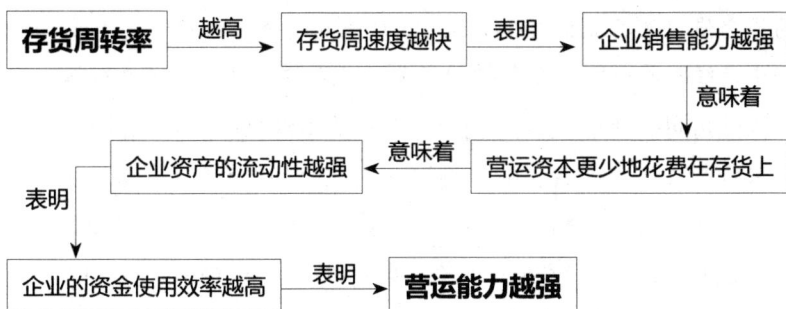

图 8-1　存货周转率与企业营运能力的关系

反之，企业的存货周转率越低，营运能力就越弱。

【案例分析】——核算企业的存货周转率

已知某企业 2019 年整年的营业成本、年初存货余额和年末存货余额等数据如表 8-1 所示，假设营业成本全部是销售成本。

表 8-1　企业 2019 年的相关经营数据

项目	金额（万元）	项目	金额（万元）
营业成本	131.52	存货年初余额	60.3
营业收入	253.64	存货年末余额	58.22

根据上表数据，得出如下计算结果。

存货平均余额 =（60.3+58.22）÷2=59.26（万元）

存货周转率 =131.52÷59.26=2.22（次）

存货周转天数 =360÷2.22=162.16（天）

也就是说，该企业的存货每年周转 2.22 次，每次周转天数为 162.16 天。以实际经营经验来看，这样的存货周转率是比较低的，侧面说明企业的资金使用效率不高，营运能力不强。

但是，如果该企业所属的行业性质决定了其他同行业企业的存货周转率也是这个水平，则不能说明该企业的存货周转率低，更不能说明企业的资金使用效率低，也不能因此盲目地判断企业的营运能力低。比如，一些生产经营具有明显季节性的行业，其存货周转率就可能很低。

由此可见，企业的营运能力高低不能单纯地从计算出的存货周转率结果来判断，还应结合企业所处行业的性质和发展前景等因素进行综合考量。此时，可初步判断为高于同行业存货周转率平均水平的存货周转率高，企业营运能力较强；反之，低于同行业存货周转率水平的存货周转率低，企业营运能力较弱。

虽然存货周转率越高越好，但若过高，可能预示着企业的存货量不足，甚至可能出现缺货现象，这对企业的发展也是不利的。

究竟存货周转率达到多少是最合理的呢？这就要求企业结合偿债能力进行判断，即企业要在保证存货周转率高的同时，保证企业的偿债能力也很强，这样的存货周转率才算最好。企业的偿债能力将在本章后面小节作详细介绍。

2. 应收账款周转率

应收账款周转率指一定时期内企业的应收账款周转次数，通常以一定时期内的赊销收入净额与应收账款平均余额的比率来表示，相关计算公式如下。

$$应收账款周转率 = 赊销收入净额 \div 应收账款平均余额$$

$$赊销收入净额 = 销售收入净额 - 现销收入净额$$

$$销售收入净额 = 销售收入 - 销售退回 - 销售折扣及折让$$

$$应收账款平均余额 = （期初应收账款余额 + 期末应收账款余额）\div 2$$

$$应收账款周转期 = 360 \div 应收账款周转率$$

$$= 360 \times 应收账款平均余额 \div 赊销收入净额$$

应收账款周转率反映企业应收账款的变现速度和管理效率，在有效的竞争市场中，企业的应收账款周转率与营运能力之间的关系如图 8-2 所示。

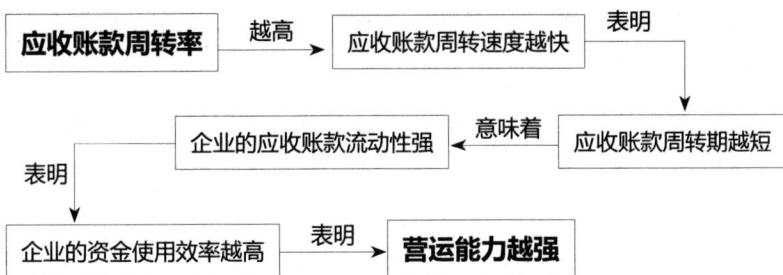

图 8-2 应收账款周转率与营运能力的关系

反之，企业的应收账款周转率越低，企业的运营能力越弱。

【案例分析】——核算企业的应收账款周转率

已知某企业 2019 年整年的营业收入、赊销收入、现销收入、年初应收账款余额和年末应收账款余额等数据如表 8-2 所示，且假设营业收入全部是销售收入，未发生销售退回、销售折扣和折让。

表 8-2 企业 2019 年的相关经营数据

项目	金额（万元）	项目	金额（万元）
营业收入	253.64	应收账款年初余额	36.52
现销收入	140.97	应收账款年末余额	50.74
赊销收入	112.67	—	—

根据上表数据，得出如下计算结果。

应收账款平均余额 =（36.52+50.74）÷2=43.63（万元）

应收账款周转率 =112.67÷43.63=2.58（次）

应收账款周转期 =360÷2.58=139.53（天）

该结果说明，企业的应收账款每年周转 2.58 次，每次周转天数约139.53 天，也就是应收账款的收账期一般为 139.53 天，接近 5 个月。由此看来，该公司的应收账款周转速度较慢，周转期较长，应收账款的流动性较弱，说明资金的使用效率较低，企业的营运能力较弱。

但如果赊销收入的产生是因为企业实行分期收款结算方式，则应收账款的周转率较低可能属于正常情况。

另外，如果企业实行现金结算方式，则企业的赊销收入净额会偏低，应收账款的余额情况又会不同，此情况可能使应收账款周转率偏低。但此时的应收账款周转率分析对企业来说没有太大的实质性作用，因为企业很可能面临应收账款收不回来的风险，相应地，此时计算出的偏低的应收账款周转率并不能说明企业的资金使用效率低，也不能说明企业的营运能力较弱。

由该案例可知，企业的应收账款周转率的高低不仅会受赊销收入净额高低的影响，还会受企业结算方式的影响。因此，企业在利用应收账款周转率判断企业的营运能力时，要综合考量企业经营过程中使用的结算方式和具体的赊销收入情况，不能单纯地以应收账款周转率的计算结果来做出判断。

应收账款周转率虽然越高越好，但因为应收账款还影响着企业的盈利水平，过高的周转率预示着企业的应收账款可以很快收回，信用政策较严格，这样的情况下，可能会限制企业的销售量，从而降低企业的盈利水平。最典型的表现就是，应收账款周转率很高，而存货的周转率很低，这种情况下企业的盈利水平必然已经受到不利影响。

3. 流动资产周转率

流动资产周转率指一定时期内企业的流动资产周转次数，通常以一定时期内的销售收入与流动资产平均余额的比率来表示，计算公式如下。

$$流动资产周转率 = 销售收入 \div 流动资产平均余额$$

$$流动资产平均余额 = （期初流动资产余额 + 期末流动资产余额）\div 2$$

上述公式中，销售收入一般以利润表中的营业收入为准。流动资产周转率反映企业流动资产的周转速度和利用率，在正常的生产经营过程中，流动资产周转率与营运能力之间的关系如图 8-3 所示。

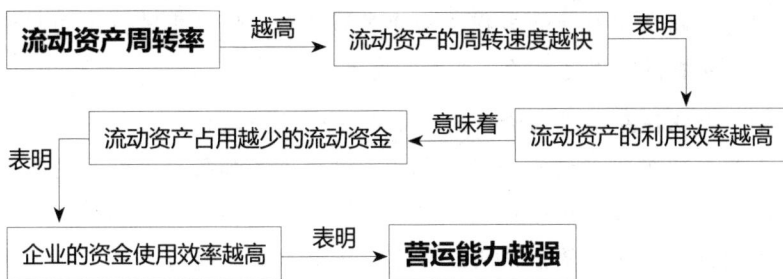

图 8-3　流动资产周转率与营运能力的关系

反之，企业的流动资产周转率越低，企业的营运能力就越弱。但是，企业的流动资产周转率究竟为多少才算最好呢？这并没有一个明确的标准，因为流动资产的多少还关系着企业的短期偿债能力。因此，当企业的流动资产周转率很高，同时又能保证企业具有较强的短期偿债能力，此时的流动资产周转率是很合理的。换句话说，企业的流动资产周转率并不是越高越好。

【案例分析】——核算企业的流动资产周转率

已知某企业 2019 年整年的营业收入、年初流动资产余额和年末流动资产余额等数据如表 8-3 所示，假设营业收入全部是销售收入。

表 8-3　企业 2019 年的相关经营数据

项目	金额（万元）	项目	金额（万元）
营业收入	253.64	年初流动资产余额	103.24
—	—	年末流动资产余额	110.86

根据上表数据，得出如下计算结果。

流动资产平均余额 =（103.24+110.86）÷2=107.05（万元）

流动资产周转率 =253.64÷107.05=2.37（次）

由此可知,该企业的流动资产每年周转 2.37 次。单就该计算结果而言，不能说明企业的流动资产周转率是高还是低，需要与本企业往年的流动资产周转率以及同行业的当期流动资产周转率平均水平进行纵向和横向的对比，才能得出周转率的高低判断结果。

如果企业往年的流动资产周转率在 2.37 这一数值小幅范围波动，说明该企业 2.37 的流动资产周转率属于正常范围；如果往年的流动资产周转率均在或大多数都在 2.37 这一数值之上，则说明企业当期的流动资产周转率偏低，企业的资金使用效率有所下降，营运能力在减弱；如果往年的流动资产周转率均在或大多数都在 2.37 这一数值之下，则说明企业当期的流动资产周转率偏高，企业的资金使用效率有所上升，营运能力增强。

同理，如果与同行业的流动资产周转率平均水平相比较，2.37 这一数值低于平均水平，则说明企业当期的流动资产周转率较低，资金使用效率较低，营运能力较弱；若 2.37 这一数值高于同行业平均水平，则说明企业当期的流动资产周转率较高，资金使用效率较高，营运能力较强。

由该案例可知，企业在判断自身的流动资产周转率是高还是低时，不能只看计算出的数据结果进行周转率高低判断，还要结合企业往年的流动资产周转率情况以及同行业流动资产周转率平均水平进行周转率高低的分析。

4. 固定资产周转率

固定资产周转率指企业一定时期内固定资产的周转次数，通常以一定时期内的销售收入与固定资产平均净值的比率来表示，计算公式如下。

$$固定资产周转率 = 销售收入 \div 固定资产平均净值$$
$$固定资产平均净值 = （期初固定资产净值 + 期末固定资产净值）\div 2$$
$$固定资产净值 = 固定资产原值 - 已计提折旧总额$$

这里的销售收入一般也以利润表中的营业收入为准。固定资产周转率反映企业固定资产的利用率，在正常生产经营情况下，固定资产周转率与营运能力之间的关系如图 8-4 所示。

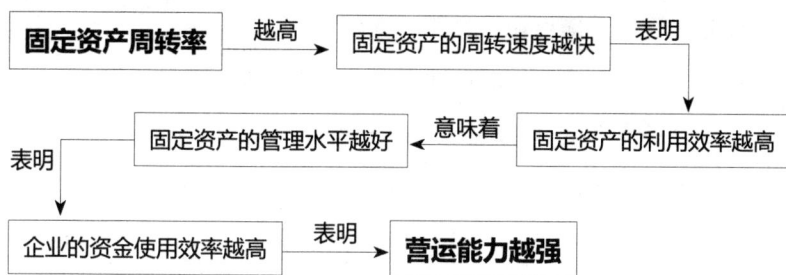

图 8-4 固定资产周转率与营运能力的关系

反之，企业的固定资产周转率越低，企业的营运能力越弱。企业固定资产还会影响企业的偿债能力，固定资产越少，在总资产不变的情况下，流动资产会增加，此时投入生产的流动资金会相应增加，从而扩大企业的销量和收入，使固定资产周转率更高，企业的偿债能力会大大增强。由此可见，企业的固定资产周转率越高越好。

但过少的固定资产无法支撑企业向更长远的未来发展，生产所需的设施设备如果不完善，也会降低销售收入，从而降低固定资产周转率和盈利水平；换句话说，过高的固定资产周转率会反向作用于企业后期的固定资产周转率和盈利水平。

【案例分析】——核算企业的固定资产周转率

已知某企业 2019 年整年的营业收入、年初固定资产原值、年末固定资产原值以及累计折旧等数据如表 8-4 所示，且假设营业收入全部是销售收入。

表 8-4 企业 2019 年的相关经营数据

项目	金额（万元）	项目	金额（万元）
营业收入	253.64	年初固定资产原值	191.46
年初累计折旧总额	25.42	年末固定资产原值	212.68
年末累计折旧总额	32.34	—	—

根据上表数据，得出如下计算结果。

年初固定资产净值 =191.46-25.42=166.04（万元）

年末固定资产净值 =212.68-32.34=180.34（万元）

固定资产平均净值 =（166.04+180.34）÷2=173.19（万元）

固定资产周转率 =253.64÷173.19=1.46（次）

由此可知，该企业的固定资产每年周转 1.46 次。与流动资产周转率一样，企业不能单就固定资产周转率的计算结果判断该周转率的高低，而要与本企业往年的固定资产周转率和同行业的当期固定资产周转率平均水平进行纵向和横向的对比，得出高低结论。

如果企业往年的固定资产周转率在 1.46 这一数值小幅范围内波动，说明该企业 1.46 的固定资产周转率属于正常范围；如果往年的固定资产周转率均在或大多数都在 1.46 这一数值之上，则说明企业当期的固定资产周转率偏低，企业的资金使用效率有所下降，营运能力在减弱；如果往年的固定资产周转率均在或大多数都在 1.46 这一数值之下，则说明企业当期的固定资产周转率偏高，企业的资金使用效率有所上升，营运能力增强。

同理，如果与同行业的固定资产周转率平均水平相比较，1.46 这一数值低于平均水平，则说明企业当期的固定资产周转率较低，资金使用效率较低，营运能力较弱；如果 1.46 这一数值高于同行业平均水平，则说明企业当期的固定资产周转率较高，资金使用效率较高，营运能力较强。

由此可知，企业的固定资产周转率受销售收入和累计折旧的影响较明显，假定累计折旧稳定，固定资产净值不变，若销售收入增加，则固定资产的周转率升高；假定销售收入不变，若固定资产净值增加，则固定资产的周转率会降低。

通俗地说，企业若盲目地增加固定资产，很可能会降低自身的固定资产周转率，进而降低资金使用效率，营运能力也会相应减弱。

在固定资产净值稳定不变的情况下，增加销售收入可提高企业的固定资产周转率。

5. 总资产周转率

总资产周转率指企业一定时期内总资产的周转次数，通常以一定时期内的销售收入与总产平均余额的比率来表示，计算公式如下。

$$总资产周转率 = 销售收入 \div 总资产平均余额$$

$$销售收入 = 销售收入净额 = 营业收入 - 销售退回 - 销售折扣和折让$$

$$总资产平均余额 = （期初总资产余额 + 期末总资产余额）\div 2$$

总资产周转率反映企业全部资产的周转速度和利用率，在正常生产经营情况下，总资产周转率与营运能力之间的关系如图 8-5 所示。

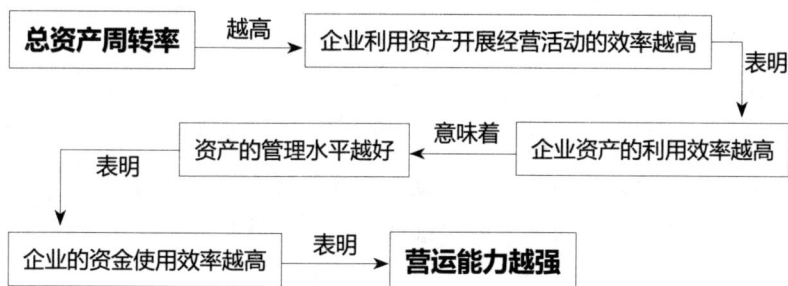

图 8-5　总资产周转率与营运能力的关系

反之，企业的总资产周转率越低，企业的营运能力越弱。企业总资产的多少还决定着资产报酬率的高低，进而影响企业的盈利能力。在销售收入一定的情况下，总资产平均余额越少，总资产周转率越高，营运能力越强；若此时企业的销售成本没有变化或者反而减少，则资产报酬率也会增大，若销售成本增加，且增加幅度大于总资产平均余额的减少幅度，则资产报酬率会减小。

所以，总资产周转率越高，并不能说明企业的盈利能力就越强。盈利能力将在本章后面内容中做详细介绍。

【案例分析】——核算企业的总资产周转率

已知某企业 2019 年整年的营业收入、年初总资产余额和年末总资产余额等数据如表 8-5 所示，且假设营业收入全部是销售收入，未发生销售退回和销售折扣及折让。

表 8-5　企业 2019 年的相关经营数据

项目	金额（万元）	项目	金额（万元）
营业收入	253.64	年初总资产余额	335.74
—	—	年末总资产余额	348.28

根据上表数据，得出如下计算结果。

总资产平均余额 =（335.74+348.28）÷2=342.01（万元）

总资产周转率 =253.64÷342.01=0.74（次）

由计算结果可知，该企业的总资产每年周转 0.74 次，不足一次，以市场经验来看，这样的总资产周转率偏低。由于企业的总资产周转率受销售收入的影响，而销售收入又受到季节和行业性质等的制约，因此判断总资产周转率是高还是低时，应结合本企业所处行业和经营性质来综合考量。

如果同行业的总资产周转率平均水平与公司的总资产周转率水平相差不大，说明企业的总资产周转情况属正常范围；如果公司的总资产周转率低于同行业总资产周转率平均水平，说明公司的总资产周转率偏低，资金使用效率较低，营运能力较弱；反之，总资产周转率高于同行业总资产周转率平均水平，说明公司的总资产周转率偏高，资金使用效率较高，营运能力较强。

以上介绍的 5 个周转率指标都能在一定程度上反映企业的资金使用效率，进而反映企业的营运能力。老板要牢记，实务中，这些指标并不会被独立使用来分析判断企业的营运能力，而会结合其他相关数据和会计资料进行综合分析。

企业盈利能力让企业价值更高

企业的盈利能力，顾名思义，就是企业获取利润的能力，也是企业使自身的资金或资本增值的能力。通常以各种利润率、报酬率和收益率来衡量企业的盈利能力。

对老板来说，分析企业的盈利能力，不仅可以了解企业当前的经营实力，还可发现企业经营管理工作中存在的问题。下面详细介绍其中几个常用的、能反映企业盈利能力的财务指标。

1. 营业毛利率和销售净利率

营业毛利率指企业因销售业务获取的毛利与营业收入之间的比率，可反映企业营业成本与营业收入的比例关系，相关计算公式如下。

$$营业毛利率 = 销售毛利 \div 营业收入 \times 100\%$$

$$销售毛利 = 营业收入 - 营业成本$$

销售净利率指企业因销售业务获取的净利润与营业收入净额之间的比率，可反映企业通过销售业务赚取利润的能力，相关计算公式如下。

$$销售净利率 = 净利润 \div 营业收入净额 \times 100\%$$

$$营业收入净额 = 营业收入 - 销售退回 - 销售折扣和折让$$

这两个指标都能反映企业通过销售业务获取利润的能力，但因为销售净利率考虑了企业所得税，所以对其进行分析得出的盈利能力的结论更准确。

在有效的竞争市场中，企业的营业毛利率和销售净利率与盈利能力之间的关系如图 8-6 所示。

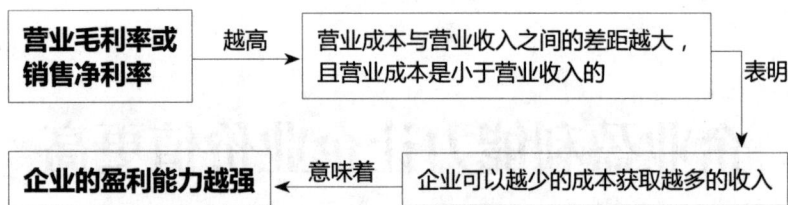

图 8-6　营业利润率和销售净利率与盈利能力的关系

反之，企业的营业毛利率或销售净利率越低，企业的盈利能力就越弱。由于销售净利率考虑了企业所得税对利润的影响，而企业所得税的多少又与企业所处行业有关，因此销售净利率还会受行业特点的影响。

【案例分析】——计算企业的营业毛利率和销售净利率

已知某企业 2019 年整年的营业收入、营业成本、所得税费用和净利润等数据如表 8-6 所示，企业所得税税率为 25%，且假设未发生销售退回和销售折扣及折让。

表 8-6　企业 2019 年的相关经营数据

项目	金额（万元）	项目	金额（万元）
营业收入	253.64	利润总额	64.88
营业成本	131.52	所得税费用	16.22
营业利润	72.46	净利润	48.66

根据上表数据，得出如下计算结果。

销售毛利 =253.64−131.52=122.12（万元）

营业毛利率 =122.12÷253.64×100%=48.15%

销售净利率 =48.66÷253.64×100%=19.18%

以营业毛利率来看，48.15% 说明企业的销售毛利几乎占营业收入的一半，而营业成本与销售毛利之和又等于营业收入，相应地说明企业的营业成本占营业收入的一半再多一点。该数据只能初步判断企业的盈利能力可能较强。

再看销售净利率，19.18% 明显低于 48.15%，说明企业经营过程中还发生了很多费用开支，甚至存在其他损失，导致企业的净利润远低于销售毛利。但 19.18% 的销售净利率也说明了企业确实有一定的盈利能力，且接近 20%，换句话说，就是企业通过销售业务每收入 100 元，就有 19.18 元的净利润。

若同行业的销售净利率平均水平不足 19.18%，说明该企业的销售净利率偏高，企业的盈利能力较强；反之，若同行业的销售净利率平均水平高于 19.18%，则说明该企业的销售净利率偏低，企业的盈利能力较弱。

同理，与企业往年的销售净利率相比，若增大了，说明企业的盈利能力在增强；若减小了，说明企业的盈利能力在减弱。

实务中要注意，在分析销售净利率的过程中，利润总额越高，需要企业缴纳的所得税费用也会越多，此时净利润是否有增长还不能确定，最准确的分析依据就是销售净利率。

企业的销售净利率越高越好，越高，说明企业可以较少的投入获取较多的收益，边际贡献值较大；反之，越低，说明企业需要投入大量的资源才可获取一定的收益，边际贡献值较小。

2. 成本费用利润率

成本费用利润率指企业净利润与成本费用总额的比率，用来反映企业为了获取利润而付出的代价，计算公式如下。

$$成本费用利润率 = 净利润 \div 成本费用总额 \times 100\%$$

成本费用总额包括企业的营业成本、税金及附加、销售费用、管理费用、财务费用和所得税费用等。成本费用利润率越高，说明企业为了获取利润而付出的代价越小；反之，成本费用利润率越低，说明企业为了获取利润而付出的代价越大。

由此可见，成本费用利润率不仅可以反映企业盈利能力的高低，还能反映企业对成本费用的控制能力和经营管理水平。在正常生产经营情况下，成本费用利润率与盈利能力之间的关系如图 8-7 所示。

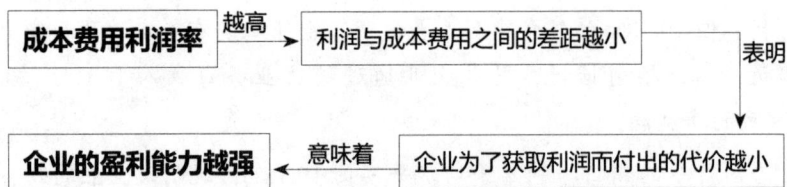

图 8-7　成本费用利润率与盈利能力的关系

反之，成本费用利润率越低，企业的盈利能力越弱。由于成本费用利润率不仅考虑了营业成本对利润的影响，还考虑了各种期间费用和税费等对利润的影响，因此需要同时考察企业的成本费用控制情况和盈利能力这两方面经营状况，成本费用利润率的实用性比销售净利率的实用性更高。

【案例分析】——计算企业的成本费用净利率

已知某企业 2019 年整年的营业收入、营业成本、各种期间费用合计、所得税费用和净利润等数据如表 8-7 所示，企业所得税税率为 25%，且假设未发生销售退回和销售折扣及折让。

表 8-7　企业 2019 年的相关经营数据

项目	金额（万元）	项目	金额（万元）
营业收入	253.64	利润总额	64.88
营业成本	131.52	所得税费用	16.22
各种期间费用合计	46.32	净利润	48.66
营业利润	72.46	—	—

根据上表数据，得出如下计算结果。

成本费用总额 =131.52+46.32+16.22=194.06（万元）

成本费用利润率 =48.66÷194.06×100%=25.07%

简单理解，该企业每耗费 100 元的成本费用，就可获取 25.07 元的净利润。如果与同行业的成本费用利润率平均水平相比更高，说明该企业的成本费用利润率偏高，盈利能力较强；更低，说明该企业的成本费用利润率偏低，盈利能力较弱。

同理，与企业往年的成本费用利润率相比，更高，说明企业的成本费用利润率在上升，盈利能力在增强；更低，说明企业的成本费用利润率在下降，盈利能力在减弱。

实务中，成本费用越高，在收入一定的情况下，利润总额会越低，企业所需缴纳的企业所得税会越少，此时净利润是越少还是越多并不能准确判断。因此在分析盈利能力的过程中，不能只凭借成本费用的增加或减少来预测企业的成本费用净利率的高低，最直接有效的分析依据就是成本费用净利率。

3. 资产报酬率

资产报酬率指企业一定时期内的利润与总资产平均余额的比率，用来反映企业利用资产获取利润的能力，计算公式如下。

资产息税前利润率＝息税前利润 ÷ 总资产平均余额 ×100%

资产利润率＝税前利润总额 ÷ 总资产平均余额 ×100%

资产净利率＝净利润 ÷ 总资产平均余额 ×100%

总资产平均余额＝（期初总资产余额＋期末总资产余额）÷2

息税前利润指企业在支付债务利息和所得税费用之前核算出的利润数额，资产息税前利润率不受企业资本结构变化的影响，所以一般用来反映企业利用全部经营资源获取利润的能力。该盈利能力指标比较受企业债权人的关注，如企业的供应商。通常只要企业的资产息税前利润率高于负债利息率，则说明企业有足够的收益用于支付债务利息。因此，资产息税前利润率不仅可反映企业的盈利能力，还能用于判断企业的偿债能力。

税前利润总额指企业在支付债务利息后、缴纳所得税费用前核算出的利润数额,通常以利润表中的利润总额为准。资产利润率会受营业利润、投资收益、资产减值损失及营业外收支等的影响,因此对企业本身来说,该盈利能力指标更能反映企业的真实情况。

净利润是企业获得的剩余收益,资产净利率反映企业对所有者的回报能力,是企业自身分析资产报酬率时最常采用的一项盈利能力指标。正常生产经营情况下,这3项指标与盈利能力之间的关系如图8-8所示。

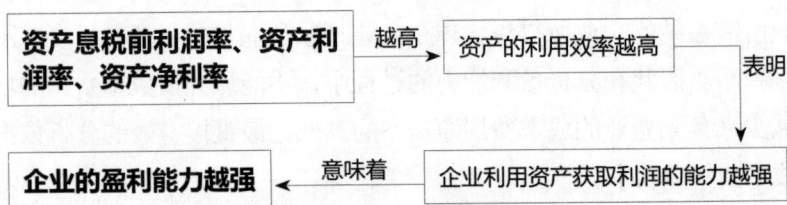

图8-8 资产报酬率与盈利能力的关系

反之,企业的资产息税前利润率、资产利润率和资产净利率等越低,企业的盈利能力就越弱。

【案例分析】——计算企业的资产报酬率

已知某企业2019年整年的债务利息、营业利润、净利润、所得税费用和总资产的年初余额与年末余额等数据如表8-8所示,企业所得税税率为25%,且假设未发生销售退回和销售折扣及折让。

表8-8 企业2019年的相关经营数据

项目	金额(万元)	项目	金额(万元)
债务利息	8.08	净利润	48.66
营业利润	72.46	总资产年初余额	335.74
利润总额	64.88	总资产年末余额	348.28
所得税费用	16.22	—	—

根据上表数据，得出如下计算结果。

息税前利润 =64.88+8.08=72.96（万元）

总资产平均余额 =（335.74+348.28）÷2=342.01（万元）

资产息税前利润率 =72.96÷342.01×100%=21.33%

资产利润率 =64.88÷342.01×100%=18.97%

资产净利率 =48.66÷342.01×100%=14.23%

由于资产利润率考虑了债务利息对所获利润的影响，资产净利率考虑了债务利息和税费对所获利润的影响，因此资产息税前利润率、资产利润率和资产净利率是呈递减关系，符合正常情况。

企业将这 3 项资产报酬率指标分别与同行业的相关资产报酬率平均水平进行比较，可得出企业的资产报酬率高还是低的结论。为了更精准地评价企业的盈利能力，一般重点比对资产净利率，若该企业的资产净利率 14.23% 高于同行业的资产净利率平均水平，则说明企业的资产净利率偏高，盈利能力较强；反之，若低于同行业的资产净利率平均水平，则说明企业的资产净利率偏低，盈利能力较弱。

企业还可将这 3 项指标与自身以往的对应指标相比较，若有增大，则说明企业的资产报酬率在上升，盈利能力在增强；若有减小，则说明企业的资产报酬率在下降，盈利能力在减弱。

除此之外，还可比较当期这 3 项指标之间的差异，从而得出其他经营管理结论，找出存在的问题。比如，资产息税前利润率比资产利润率高了 2.36%，而资产利润率比资产净利率高了 4.74%。由此看出，该企业的税费对所获利润的影响程度大于债务利息对所获利润的影响程度，企业的税负较重。同理，如果企业的资产息税前利润率与资产利润率的差值比资产利润率与资产净利率的差值大，则说明企业的债务利息对所获利润的影响程度大于税费对所获利润的影响程度，企业可能存在过度举债的情况。

由该案例可知，企业的资产报酬率受债务利息、税费、营业成本及相关费用的影响，在分析企业资产报酬率的同时，需要关注企业的债务情况和负税情况，这两项是企业负债中的重要组成部分，一旦被忽视，很可能使企业在不知不觉中走入"资不抵债"的困境，最终导致企业面临破产。

4. 净资产收益率

净资产收益率指企业一定时期的净利润与所有者权益平均总额或股东权益平均总额的比率，因此也可称为所有者权益报酬率或股东权益报酬率，计算公式如下。

$$所有者权益报酬率 = 净利润 \div 所有者权益平均总额 \times 100\%$$
$$所有者权益平均总额 = （期初所有者权益总额 + 期末所有者权益总额）\div 2$$
$$股东权益报酬率 = 净利润 \div 股东权益平均总额 \times 100\%$$
$$股东权益平均总额 = （期初股东权益总额 + 期末股东权益总额）\div 2$$

净资产收益率反映企业的所有者、投资者或股东获取报酬的高低情况，正常经营情况下，该指标与企业的盈利能力之间的关系如图8-9所示。

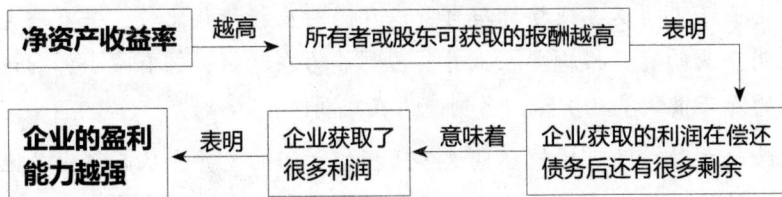

图 8-9 净资产收益率与盈利能力的关系

反之，企业的净资产收益率越低，说明企业的盈利能力越弱。由于企业的净利润最终用于分配，必然会引起所有者权益或股东权益的变动，且通常表现为所有者权益或股东权益增加。也就是说，净资产收益率的高低会同时受净利润和净资产（即所有者权益或股东权益）的影响。如果净利润的增长幅度大于净资产的增长幅度，或者净利润的减少幅度小于净资产的减少幅度，则净资产收益率会增大；反之，若净利润的增长幅度小于净资产的增长幅度，或者净利润的减少幅度大于净资产的减少幅度，则净资产收益率会减小。

需要注意的是，上市公司利用股东权益报酬率分析企业的盈利能力时，由于股东权益平均总额是通过股东权益的账面价值而不是市场价值计算得来的，正常情况下股东权益的市场价值高于账面价值。因此，一般计算出的股东权益报酬率会高于以股东权益市场价值计算得出的股东权益报酬率。

【案例分析】——计算企业的所有者权益报酬率

已知某企业 2019 年整年的营业利润、净利润以及所有者权益年初余额和年末余额等数据如表 8-9 所示，企业所得税税率为 25%，且假设未发生销售退回和销售折扣及折让。

表 8-9　企业 2019 年的相关经营数据

项目	金额（万元）	项目	金额（万元）
利润总额	64.88	所有者权益年初余额	180.44
净利润	48.66	所有者权益年末余额	190.86

根据上表数据，得出如下计算结果。

所有者权益平均总额＝（180.44+190.86）÷2=185.65（万元）

所有者权益报酬率 =48.66÷185.65×100%=26.21%

该企业的所有者权益报酬率为 26.21%，即表示所有者每投入 100 元，就可以获得 26.21 元的收益。

如果该企业的所有者权益报酬率 26.21% 高于同行业的所有者权益报酬率的平均水平，则说明企业的所有者权益报酬率偏高，盈利能力越强；反之，若低于同行业的所有者权益报酬率的平均水平，则说明企业的所有者权益报酬率偏低，盈利能力较弱。

同理，与企业往年的所有者权益报酬率相比，若表现为增大，则说明企业的盈利能力在增强；若表现为减小，则说明企业的盈利能力在减弱。

当然，所有者权益报酬率增大，说明企业盈利，所有者权益总额在增加，企业资本结构中的权益性资本就在增加，而权益性资本过度增加会减弱企业的财务杠杆效应，使资本成本率上升。所以，企业的所有者权益报酬率并不是越高越好。

由该案例可知，企业在利用所有者权益报酬率分析盈利能力时，不能一味地追求高所有者权益报酬率，而忽略了企业的资本成本率。因为企业的所有者权益报酬率不仅反映企业的盈利能力，还会反映企业所有者权益总额的变动情况，进而反映企业的权益性资本在整个资本结构中的组成和比例情况。过高的所有者权益报酬率一般都预示着企业存在较高的资本成本率。

小贴士 *市盈率和市净率*

市盈率和市净率都是以企业的盈利能力为基础，进行市场估值的财务指标。

市盈率指普通股每股市场价格与每股利润的比率，反映企业股票的市场价值与盈利能力之间的关系，计算公式如下。

市盈率 = 普通股每股市价 ÷ 每股利润

市净率指普通股每股市场价格与每股净资产的比率，反映企业股票的市场价值与账面价值之间的关系，计算公式如下。

市净率 = 普通股每股市价 ÷ 每股净资产

这两项财务指标可帮助上市公司判断其股票的市场定价是否合理，是投资者作出投资决策的重要考量参数。一般来说，企业市盈率高，说明投资者对企业的发展前景是看好的，愿意付出较高的价格购买公司的股票；反向推导，成长性较好、盈利能力较强的企业，市盈率通常较高。

企业市净率高，说明企业每股净资产对应的市场价格越高，即企业的股票价值越高；反向推导，资产质量好、盈利能力强的企业，其成长性好，市净率相对更高。而经营风险较大、盈利能力较弱的企业，其发展前景交叉，市净率相对更低。注意，如果企业股票的市净率小于1，说明股价低于每股净资产，投资者对企业未来的发展持悲观看法。

看企业有没有足够的偿债能力

企业的偿债能力就是偿还债务的能力，也是企业承担还债责任的能力和保证能够偿还债务的实力。实际操作中，分析企业的偿债能力可从短期和长期出发，不同的偿债能力需要借助不同的财务指标进行分析。

1. 分析短期偿债能力

企业的短期偿债能力主要是指企业偿付流动负债的能力，流动负债一般是指在一年或一年以上的一个营业周期内需要偿付的债务。用来分析该能力的财务指标主要有如表 8-10 所示的 4 个。

表 8-10　短期偿债能力的分析指标

指标名称	含义	计算公式
流动比率	流动资产与流动负债的比值	流动比率＝流动资产÷流动负债
速动比率	速动资产与流动负债的比值	速动比率＝（流动资产－存货）÷流动负债
现金比率	现金资产与流动负债的比值	现金比率＝（现金＋现金等价物）÷流动负债
现金流量比率	企业经营活动产生的现金流量净额与流动负债的比值	现金流量比率＝经营活动产生的现金流量净额÷流动负债

流动比率。该指标反映企业用流动资产偿还流动负债的能力大小，比率越高，说明企业偿还流动负债的能力越强。但流动比率并非越高越好，过高的流动比率预示着企业可能存在过多的流动资产，使得流动资产闲置而无法发挥其经营作用，甚至可能影响企业的盈利能力。一般来说，比较合理的流动比率为 2，即流动资产∶流动负债 =2∶1。

速动比率。该指标反映除存货外的所有流动资产偿还流动负债的能力大小，比率越高，说明企业短期偿债能力越强。但速动比率也不是越高越好，过高的速动比率可能意味着企业的存货量较少，易发生缺货而影响企业正常经营，甚至损害企业的信誉。一般来说，较合理的速动比率为 1，即速动资产：流动负债 =1：1。需要注意，该公式只是为了计算方便，所以才只扣减存货，实际上，企业的速动资产包括货币资金、交易性金融资产、应收票据、应收账款、应收利息、应收股利和其他应收款。

现金比率。该指标反映企业的直接偿债能力大小，因为大多数偿还债务的方式都是通过现金、银行存款或票据等。比率越高，说明企业有较强的支付能力。但该比率也不能过高，过高的现金比率预示着企业拥有过多的现金类资产，这些资产可能被闲置，进而无法得到有效利用，使资金使用效率降低，从而影响企业的盈利能力。

现金流量比率。由于该比率的计算公式中涉及经营活动产生的现金流量净额，而该净额是企业一段时期内所有经营活动现金流入流出情况的最终体现，因此该指标是动态指标，从动态角度反映企业利用经营活动产生的现金流量净额偿还流动负债的能力大小。比率越高，说明企业利用经营活动产生的现金流量净额偿还流动负债的能力越大。一般来说，该比率越高越好，越高很可能意味着企业因经营活动产生的现金流量净额很高，说明企业的资金主要来源于经营活动，是比较正常的经营状况，同时也说明企业的生产经营能力很强。

【案例分析】——分析企业的短期偿债能力

已知某企业 2019 年年末和整年的相关数据如表 8-11 所示，企业所得税税率为 25%，且假设未发生销售退回和销售折扣及折让。

表 8-11　企业 2019 年的相关经营数据

项目	金额（万元）	项目	金额（万元）
流动资产年末余额	110.86	流动负债年末余额	70.58

续表

项目	金额（万元）	项目	金额（万元）
存货年末余额	58.22	经营活动产生的现金流量净额	78.94
现金及现金等价物	40.38		

根据上表数据，得出如下计算结果。

流动比率 =110.86÷70.58=1.57

速动比率 =（110.86−58.22）÷70.58=0.75

现金比率 =40.38÷70.58=0.57

现金流量比率 =78.94÷70.58=1.12

由上述计算得出，流动比率 1.57 和速动比率 0.75 都分别接近于各自的合理值 2 和 1，说明企业的短期偿债能力属于比较强的范围。而现金比率 0.57 说明企业用现金和现金等价物直接偿还短期债务的能力很一般，直接支付能力较弱。现金流量比率 1.12 说明在现存的资源情况下，企业的短期债务获得有效的偿付。

由于现金比率和现金流量比率都受到企业结算方式、行业特性和生产经营周期等的影响，因此企业在利用这两项财务指标分析企业的短期偿债能力时，要考虑这些影响因素。

2. 分析长期偿债能力

企业的长期偿债能力指企业偿还长期债务的能力，这里的长期债务主要是长期借款、应付债券、长期应付款和预计负债等。用来分析企业长期偿债能力的财务指标有如表 8-12 所示的一些。

表 8-12　长期偿债能力的分析指标

指标名称	含义	计算公式
资产负债率	又称负债比率，是负债总额与资产总额的比值	资产负债率 = 负债总额 ÷ 资产总额 ×100%

续表

指标名称	含义	计算公式
股东权益比率	股东权益总额与资产总额的比值	股东权益比率 = 股东权益总额 ÷ 资产总额 × 100%
权益乘数	股东权益比率的倒数,资产总额与股东权益总额的比值	权益乘数 = 资产总额 ÷ 股东权益总额
产权比率	也称负债股权比率,是负债总额与股东权益总额的比值	产权比率 = 负债总额 ÷ 股东权益总额 × 100%
利息保障倍数	税前利润加利息费用之和与利息费用的比值	利息保障倍数 = (税前利润 + 利息费用) ÷ 利息费用 = 息税前利润 ÷ 利息费用

资产负债率。该指标不仅可反映企业偿还债务的综合能力,还能体现企业的总资产中有多少是通过举债得来的,进而反映企业的举债经营能力。比率越高,说明企业举借得来的资产在总资产中占比较高,企业偿还债务的综合能力越弱,财务风险越大;反之,偿还债务的综合能力越强,财务风险越小。所以该指标大小与偿债能力大小成反比。然而,比率过小,会使企业的债权人资本过少,财务杠杆效应较弱。

股东权益比率。该指标可反映总资产中所有者投入资本的比重,即权益资本的比例,该比率与资产负债率之和为1。比率越高,说明企业的权益资本越多,负债越少,偿还债务的压力就越小,偿债能力就越强,财务风险也越小;反之,比率越低,偿债能力越弱,财务风险越大。所以,该指标大小与偿债能力大小成正比。

权益乘数。该指标反映总资产是股东权益的多少倍,可直接反映企业财务杠杆的大小。乘数越大,说明股东投入占总资产的比重越小,企业债务资本较多,财务杠杆越大;反之,乘数越小,股东投入占总资产的比重越大,财务杠杆越小。所以,该指标大小与偿债能力大小成反比。

产权比率。该指标反映企业债务资本与权益资本的关系,同样可用来分析企业的偿债能力和财务风险大小。比率越高，说明企业债务资本越多，财务杠杆越大，企业偿还债务的能力越小，财务风险越大；反之，比率越低，企业债务资本越少，财务杠杆越小，企业偿还债务的能力越大，财务风险越小。所以该指标大小与偿债能力大小成反比。

利息保障倍数。该指标反映企业的经营所得偿付债务利息的能力，倍数越大，说明企业的经营所得远远高于债务利息，偿债能力越强；反之，倍数越小，企业的偿债能力越弱。但是因为这里的"经营所得"包括了债务利息，因此利息保障倍数至少都要大于 1。若等于 1，说明企业税前利润刚好为 0；若小于 1，说明企业税前利润为负，企业发生亏损。这两种情况下，企业都不能实现用经营所得偿付债务利息的目的，相应地，企业的偿债能力会很弱。所以该指标大小与偿债能力大小成正比。

【案例分析】——分析企业的长期偿债能力

已知某企业 2019 年年末和整年的相关数据如表 8-13 所示，企业所得税税率为 25%，且假设未发生销售退回和销售折扣及折让。

表 8-13 企业 2019 年的相关经营数据

项目	金额（万元）	项目	金额（万元）
总资产年末余额	348.28	所有者权益年末余额	190.86
利润总额	64.88	债务利息	8.08

根据上表数据，得出如下计算结果。

负债总额 =348.28－190.86=157.42（万元）

资产负债率 =157.42÷348.28×100%=45.2%

股东权益比率 =190.86÷348.28×100%=54.8%

权益乘数 =348.28÷190.86=1.82

产权比率 =157.42÷190.86×100%=82.48%

利息保障倍数 =（64.88+8.08）÷8.08=9.03

资产负债率 45.2%，说明该企业的债务资本快达到总资本的一半，与股东权益比率 54.8% 结合分析，企业偿还债务的压力不算很大，偿债能力较强，财务风险一般。

权益乘数 1.82，说明该企业的总资产是股东权益的 1.82 倍，假设股东权益为 x，则总资产为 1.82x，则负债为 0.82x。由此可知，此时的债务资本比股东权益少，企业的偿债能力较强。如果权益乘数为 2，说明企业的债务资本与股东权益相等。以此类推，如果权益乘数大于 2，则说明企业的债务资本比股东权益多，企业财务杠杆较大，风险较大，企业的偿债能力会越来越弱。

产权比率 82.48%，说明该企业的负债总额小于股东权益总额，财务杠杆较小，风险较小，偿还债务的能力较强。

利息保障倍数 9.03，说明该企业的息税前利润是债务利息的 9.03 倍，经营所得远远多于债务利息支出，企业偿还债务的能力较强。

实际工作中，利用这些财务指标分析企业的长期偿债能力时，需要经过多方考量，因为这些指标中涉及的资产、股东权益和负债等各自的内部结构比例会影响企业的资产周转率和利润率，从而影响企业的营运能力和盈利能力。指标之间的此消彼长，可能使得企业某种能力较强的同时，另一种能力减弱。因此为了使企业的各种能力都维持在相对较强的状态，很多指标都不宜过小或过大。

老板这样了解企业发展能力

企业的发展能力就是指企业扩张、壮大的实力，所以也称为成长能力。分析企业的发展能力，一般从各种增长率入手，如营业收入增长率、利润增长率、总资产增长率和权益资本增长率等。

1. 营业收入增长率

营业收入增长率指企业当年营业收入增长额与上年营业收入总额的比率，计算公式如下。

营业收入增长率 = 当年营业收入增长额 ÷ 上年营业收入总额 ×100%

营业收入增长率反映企业营业收入的增长情况和自身的发展能力，在正常经营情况下，该指标与发展能力之间的关系如图 8-10 所示。

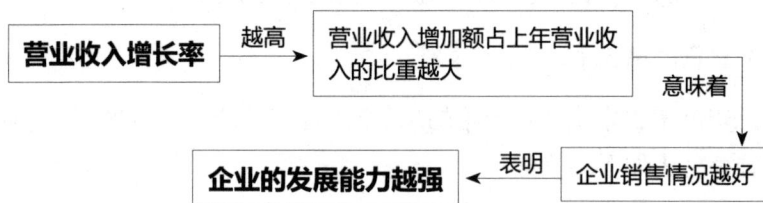

图 8-10　营业收入增长率与发展能力的关系

反之，营业收入增长率越低，企业的发展能力越弱。然而这里的发展能力仅通过营业收入来体现，如果企业营业收入增长的同时，营业成本也在增长，则分析出企业的发展能力强的同时不一定能得出企业盈利能力强的结论。

2. 利润增长率

利润增长率指企业当年利润总额的增长额与上年利润总额的比率，计算公式如下。

利润增长率 = 当年利润总额增长额 ÷ 上年利润总额 ×100%

利润增长率反映企业的利润增长情况、盈利能力和发展能力，因为考虑了企业的经营成本，所以在分析发展能力时比营业收入增长率更有说服力。正常经营情况下，该指标与发展能力的关系如图 8-11 所示。

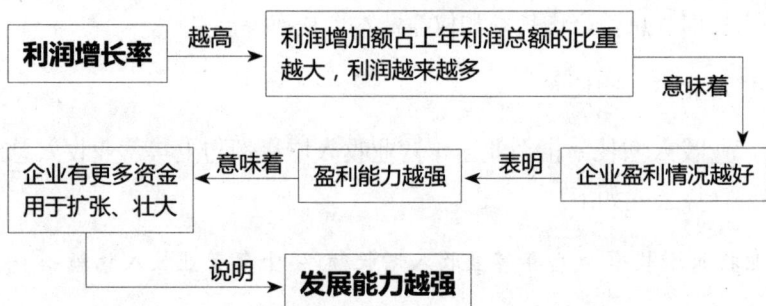

图 8-11　利润增长率与发展能力的关系

反之，利润增长率越低，企业的发展能力越弱。

3. 总资产增长率

总资产增长率指企业当年的总资产增长额与当年年初资产总额的比率，计算公式如下。

总资产增长率 = 当年总资产增长额 ÷ 当年年初资产总额 ×100%

总资产增长率反映企业总资产的增长情况和发展能力，该指标从企业的整个资产组成情况出发，分析发展能力。一般来说，该指标与企业发展能力之间的关系如图 8-12 所示。

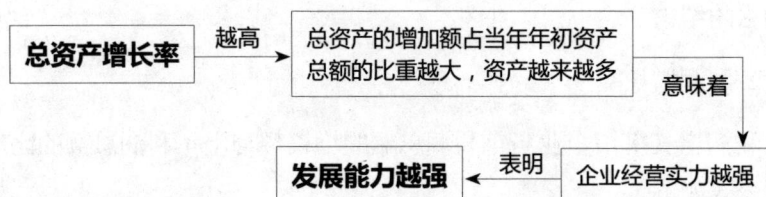

图 8-12　总资产增长率与发展能力的关系

反之，总资产增长率越低，企业的发展能力越弱。由于企业的总资产由负债和所有者（股东）权益构成，总资产的增加可能体现为负债和所有者（股东）权益的同时增加，或者只有其中一项在增加，又或者是某一项的增加额高于另一项的减少额，这些不同的情况会使企业的资本结构发生变化，进而影响企业的偿债能力和运营能力。因此，企业在利用总资产增长率分析发展能力时，还要考虑到其他能力是否较弱。

4. 权益资本增长率

权益资本增长率指企业当年的权益资本增加额与年初权益资本总额的比率，计算公式如下。

$$权益资本增长率 = 当年权益资本增加额 \div 当年年初权益资本总额 \times 100\%$$

权益资本增长率反映企业的权益资本增长情况和发展能力，该指标从企业所有资本中的权益资本出发，分析发展能力。一般来说，该指标与企业的发展能力之间的关系如图 8-13 所示。

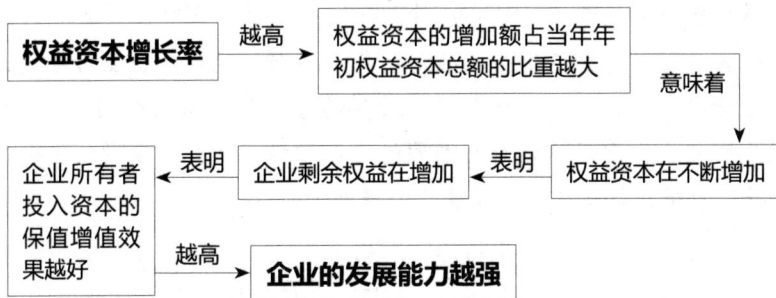

图 8-13 权益资本增长率与发展能力的关系

反之，权益资本增长率越低，企业的发展能力越弱。由于权益资本的增长可能改变企业的整个资本结构，进而影响企业的偿债能力、运营能力和盈利能力，所以企业在利用权益资本增长率分析发展能力时，要充分考量其他 3 种能力的变化情况。

【案例分析】——分析企业的发展能力

已知某企业 2019 年年初和年末的相关数据如表 8-14 所示，企业所得税税率为 25%，且假设未发生销售退回和销售折扣及折让。

表 8-14　企业 2019 年的相关经营数据

项目	上年／年初金额（万元）	当年／年末金额（万元）
营业收入	211.42	253.64
利润总额	55.26	64.88
资产总额	335.74	348.28
权益资本总额	180.44	190.86

根据上表数据，得出如下计算结果。

营业收入增长率 =（253.64−211.42）÷211.42×100%=19.97%

利润增长率 =（64.88−55.26）÷55.26×100%=17.41%

总资产增长率 =（348.28−335.74）÷335.74×100%=3.74%

权益资本增长率 =（190.86−180.44）÷180.44×100%=5.77%

一般来说，想要评价企业的发展能力强弱，就要对企业历年的这些财务指标进行对比分析。比如，与往年的营业收入增长率相比，19.97% 表现为增大了，则说明企业的发展能力在增强。其他 3 项增长率也用此方法进行分析，得出企业的发展能力强弱。

除此之外，这 4 项财务指标之间的关系可反映出企业的其他一些经营情况。比如，营业收入增长率 19.97% 比利润增长率 17.41% 高，说明利润的增长幅度和营业收入的增长幅度不相同，且反映出企业存在费用增长率，抵消了营业收入的增长率，从而形成利润增长率小于营业收入增长率的现状。

又比如，总资产增长率 3.74% 比权益资本增长率 5.77% 低，说明总资产的增长幅度和权益资本增长幅度不相同，且可反映出企业存在负债增长率，抵消了权益资本的增长率，从而形成总资产增长率小于权益资本增长率的现状。

由该案例可知，企业在分析发展能力的过程中，还可分析企业的费用控制情况和负债变动情况，全面了解企业的财务状况和经营成果。

第 **9** 章

借助有效的内部控制才能治理好公司

什么是内部控制？从字面上理解，是企业内部制定的控制制度和实施的控制活动。内部控制一般由企业的董事会、管理层等决策、治理机构和全体员工共同实施，目的是保证企业实现其经营目标。企业如何才能建立并实施有效的内部控制呢？了解内部控制的具体内容、要素、执行方法和注意事项等是必须的。

内部控制的要素和具体内容

内部控制的具体内容涉及企业经营的各个方面，将这些具体内容进行概括，得出内部控制的相关要素。通常将内部控制的要素分为3点：控制环境、控制制度和控制程序。这3点要素之间的关系如图9-1所示。

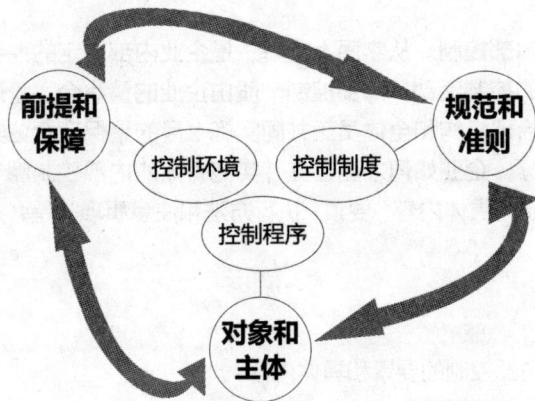

图 9-1　内部控制三要素的关系

将内部控制的要素具体到内容上，主要包括内部环境、控制制度、控制活动、信息与沟通、风险评估以及监督检查等。相关介绍如表9-1所示。

表 9-1　内部控制的具体内容

内容	简述
内部环境	是企业实施内部控制的前提、基础和保障，包括企业治理结构、组织结构、企业文化、人力资源政策、财务管理水平以及其他管理体系等

续表

内容	简述
控制制度	是企业实施内部控制的规范和准绳，也就是内部控制制度
控制活动	是企业内部控制中控制程序的一个组成部分，是贯穿整个内部控制工作的控制对象，包括成本费用控制、预算控制、职责分工控制、授权控制、信息技术控制、财务控制和风险控制等
信息与沟通	是企业内部控制中控制程序的一个组成部分，是连接各控制活动的"工具"，包括企业经营信息的收集、汇总、分类、整理、分析、统计与传递等工作内容
风险评估	是企业内部控制中控制程序的一个组成部分，是实施控制活动的具体体现，因为内部控制的实质就是进行风险管理。风险评估的工作内容包括设定评估目标、进行风险识别和风险分析以及做出相应的风险应对等
监督检查	是企业内部控制中控制程序的一个组成部分，是对整个内部控制工作进行监督和检查，尽量保证内部控制工作有效且全面，主要包括监督和检查内部控制制度的健全性、合理性和有效性，内部控制制度的建立和执行情况，控制活动的执行情况和最终效果，信息与沟通的及时性，以及风险评估的准确性、合理性等

小贴士 *内部控制的作用*

很多企业的老板都知道，内部控制对企业来说至关重要，因为它具有多方面的实际作用，主要表现在以下几方面。

①保证国家的法律法规、方针政策等能在企业内部贯彻执行。内部控制会根据国家相关法律法规、方针政策，结合企业自身的发展情况，建立适合自己的内部控制制度。

②保证经营信息真实、准确，财产资源安全完整。内部控制是企业经营过程中的一种规范化活动，通过"控制"来确保经营信息可被及时采集、记录和加工整理，同时保证企业的财产资源等尽量不受损失。

③有效地为企业防范经营风险。通过内部控制，规范企业的经营行为和操作，使企业尽可能按预期或预算计划开展经营活动，从而规避相应的经营风险，做到有效经营。

老板要懂的内部控制执行方法

企业内部控制的执行方法指企业在进行内部控制时可以使用的一些手法、手段，通常也被称为内部控制措施。那么这些内部控制执行方法究竟有哪些呢？下面作具体介绍。

1. 职务分离控制

老板要知道，企业执行职务分离控制的目的是要避免舞弊行为的产生，它要求企业根据自身经营目标和工作任务，遵循科学、精简且高效的原则，合理设置职能部门及工作岗位，将容易"互相包庇、协同作案"的岗位或职务进行人岗分离，防止同一人兼任这些岗位而引起舞弊行为。企业内部应分离的职务或岗位有如表 9-2 所示的一些。

表 9-2 企业内部应分离的职务或岗位

分离的职务或岗位	内容
经济业务的授权者与执行者应分离	如董事会或总经理不参与具体的财务工作、采购工作、生产工作和销售工作等
经济业务的审核者与执行者应分离	如财务总监不参与具体财务工作的执行，审核工资数据的财会人员不参与员工工资核算等
经济业务的记录者与执行者应分离	如财会人员不参与采购、生产或销售等经营活动，原材料的入库、领用登记人员不参与原材料加工工作等
财物、现金和有价证券等资产保管者与对应资产或交易的记录者、报告者应分离	如出纳不能兼任会计，出纳不能兼任稽核、会计档案保管以及收入、支出、费用和债权债务等账目的登记工作，仓库保管员不参与企业的采购、生产或销售活动等
资产保管者与相关交易的批准者应分离	如仓库管理人员无权决定生产部门是否可领用材料，出纳人员无权决定是否应增加或减少库存现金限额等

续表

分离的职务或岗位	内容
交易的批准者与同一交易或相关资产的记录者、报告者应分离	如销售总监不参与具体的销售执行工作，采购经理不参与具体的采购执行工作，投融资经理不参与执行具体的投融资活动，各部门的经理不参与工作报告的具体编制工作等
总分类账与明细分类账、日记账的记录者应分离	如登记总分类账的会计人员不能负责登记明细分类账，登记总分类账的会计人员不能负责登记日记账等

职务分离控制这一内部控制方法，在企业财务工作中体现的比较明显，主要原理就是"管钱不管账，管账不管钱"。

2. 授权审批控制

授权审批控制是企业内部控制方法中针对"权力"进行的控制措施，它要求企业根据相应的职责分工，明确各部门、各岗位开展经济活动的许可范围、审批流程和相关责任，并规定各部门、各岗位按照相关的授权审批制度，在自己的权责范围内行事。具体控制操作如图 9-2 所示。

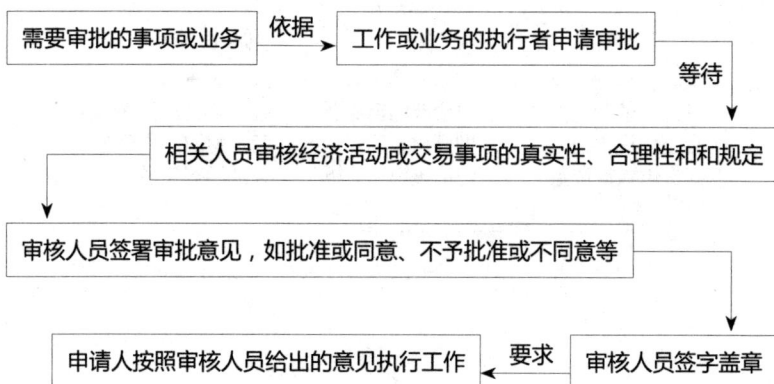

图 9-2 授权审批控制操作

授权审批控制可保证企业的内部控制工作更规范、严谨且有效。

3. 会计系统控制

会计系统控制指企业对自身的整个会计系统进行控制，具体实施细节如图 9-3 所示。

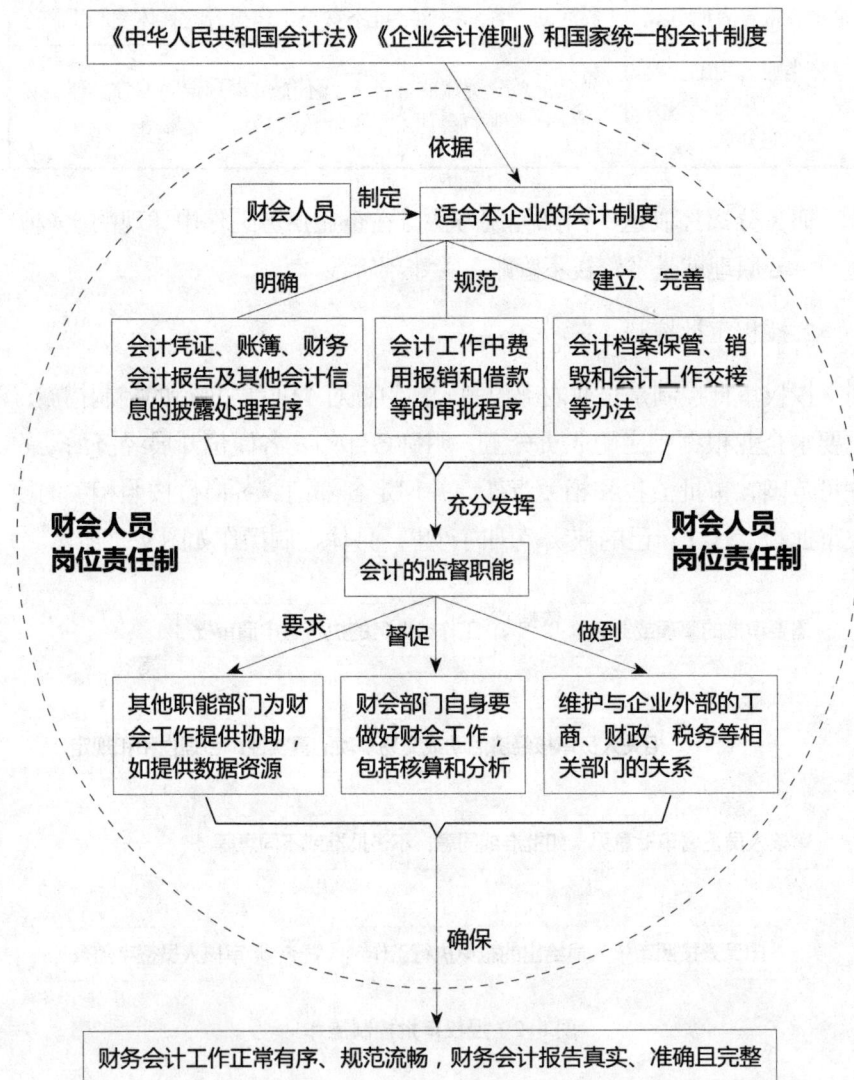

图 9-3 会计系统控制的操作

会计系统的控制比较复杂，它涉及了企业内部控制的方方面面，需要与其他内部控制方法相结合。

4. 财产保护控制

财产保护控制是指企业为了对财产进行保护而实施的控制管理，主要是控制企业的流动资产、固定资产等不被乱用、滥用或破坏。具体的控制措施有如下一些。

◆ 限制员工对财产的使用，比如限制未经授权使用财产的人员直接接触和处置财产。

◆ 做好财产的入、存、出的记录。

◆ 监督相关人员制定好财产保护办法，严格执行财产保护工作。

◆ 企业经营者或管理层要严格按照内部控制制度的规定，督促财务部门对企业财产进行定期盘点，同时做好财产的账实核对工作，对账实不符的情况，要坚决查明原因，并要求财会人员做好调账工作。

◆ 企业要充分考虑财产管理风险，为财产做好保险措施，如购买财产险、火灾险等。

通过财产保护控制，企业可确保财产的安全与完整。

5. 预算控制

企业通过编制、审核、实施、分析和评价预算，来达到成本费用控制、投融资控制和资本结构控制等目的，从而使内部控制得以实现。实施预算控制时，具体的操作如图 9-4 所示。

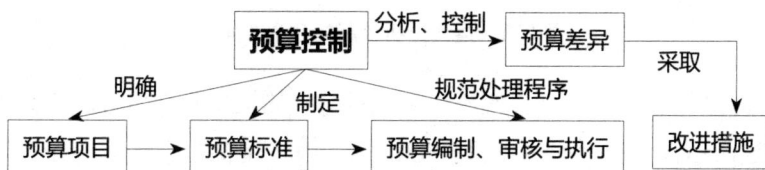

图 9-4　预算控制的操作

预算控制贯穿于整个预算工作中，明确预算项目时，要控制好预算项目，确保其是企业经营所需的；制定预算标准时，要控制好标准，确保预算标准符合企业的发展现状和发展能力；规范预算执行的程序时，要控制好各环节之间的衔接时间和审查、审批手续；找到预算与实际的差异时，要控制好合理差异范围，给出差异空间，使预算计划更灵活；对于差异较大的预算，要及时采取改进措施，完善预算计划。

6. 运营分析控制

运营分析控制也可理解为经济活动分析控制，主要是控制企业的运营尽可能合理、正常且顺利。那么，具体实施时要对哪些方面进行控制呢？如图 9-5 所示。

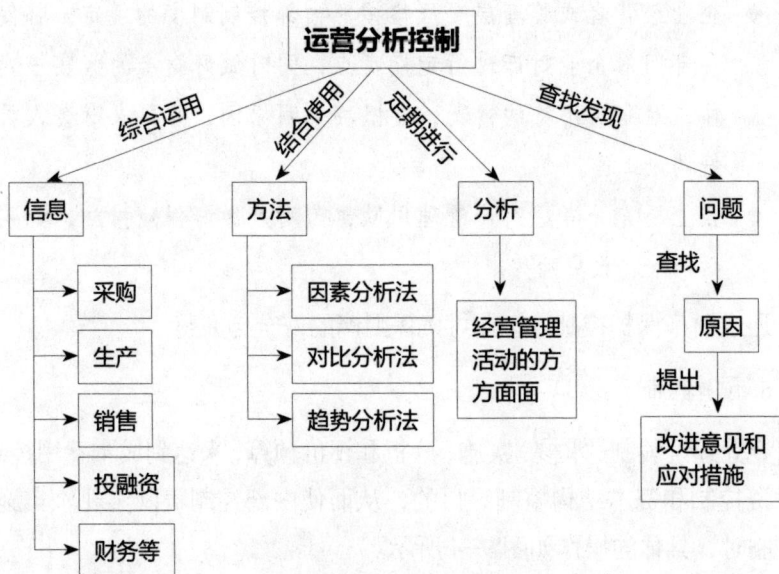

图 9-5 运营分析控制的几个方面

由此可见，运营分析控制不仅要控制信息的运用和分析方法的使用，还要控制运营分析的时间和涉及的范围，同时还要控制运营中存在的问题的处理工作，以此来确保运营分析发挥其作用，提高内部控制的成效。

7. 绩效考评控制

绩效考评控制就是要求企业对所有工作的绩效考评进行控制，确保企业的绩效考评工作合理、合规、公正、公平且准确。那么，绩效考评控制具体控制什么呢？如图 9-6 所示。

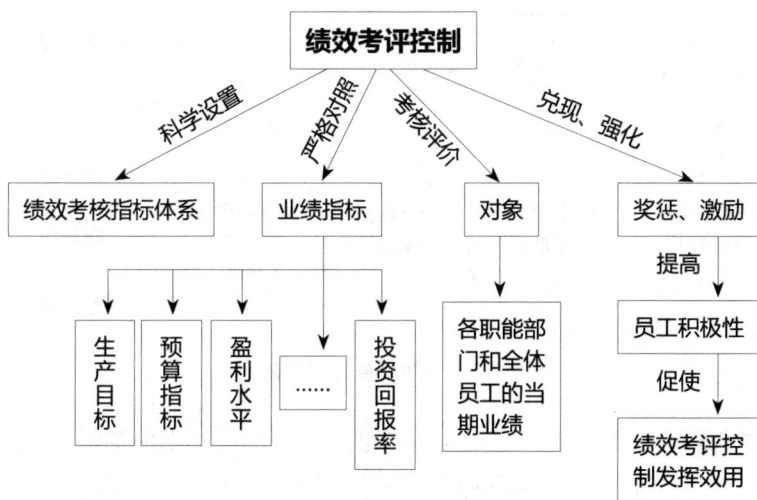

图 9-6　绩效考评控制的内容

绩效考评控制实际上是对内部控制的效果评价工作进行控制，明确绩效考评的体系设计、指标参照、对象范围、奖惩兑现和激励强化等细节，使企业的绩效考评工作得到有效控制，保证绩效考评结果准确、完整且合规、合理。

8. 内部报告控制

内部报告控制是企业利用内部报告制度对报告的编制、修改、传递、审核以及发布等行为进行规范、控制，使内部报告能够及时地提供业务活动中的重要信息，同时全面反映经济活动的情况，也就是说，要使内部报告更具时效性和针对性。实际工作中，内部报告控制具体要控制如图 9-7 所示的一些内容。

```
                    ┌──────────────┐
                    │  内部报告控制  │
                    └──────────────┘
        建立、完善        明确           合理选择
    ┌──────────┐   ┌──────────┐   ┌──────────┐
    │ 内部报告制度 │   │  处理程序  │   │  报告方式  │
    └──────────┘   └──────────┘   └──────────┘
```

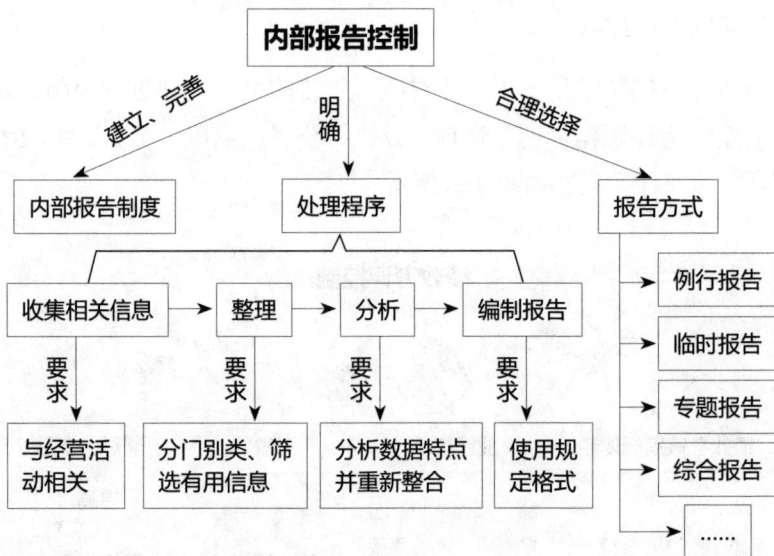

图 9-7　内部报告控制的内容

　　内部报告控制实质上是对实施内部控制而形成的书面资料进行控制，不仅要控制内部报告这一书面资料的编制工作，还要控制内部报告制度的建立与完善、内部报告工作流程以及内部报告的编制方式。

　　9. 信息技术控制

　　这里的信息技术控制指企业利用信息技术对本企业实施经营管理控制，具体表现在如图 9-8 所示的几个方面。

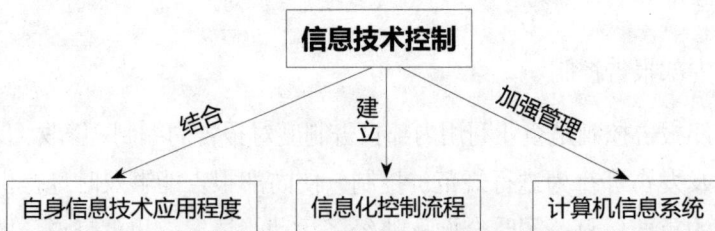

```
                ┌──────────────┐
                │  信息技术控制  │
                └──────────────┘
        结合           建立         加强管理
  ┌────────────┐ ┌────────────┐ ┌────────────┐
  │ 自身信息技术应用程度 │ │ 信息化控制流程 │ │ 计算机信息系统 │
  └────────────┘ └────────────┘ └────────────┘
```

图 9-8　信息技术控制的内容

　　企业要从信息技术应用程度、信息化控制流程和计算机信息系统等

方面实施信息技术控制，从而达到相应的目的，如提高企业经营业务的处理效率，减少和消除人为手动操作可能带来的错误，以及保证企业信息系统能安全、有效运行。

另外，企业在对计算机信息系统实施加强管理控制时，主要包括开发和维护计算机信息系统、设置访问权限、变更信息系统数据、检查数据的输入与输出功能、规范电子文件的储存与保管行为以及检查网络是否安全等内容。

综上所述的9个内部控制方法，企业可据此实施有效的内部控制，使企业的经营和发展更"规矩"，经营风险更小。

建立内部控制需注意的事项

企业要想让自身的内部控制制度真正发挥效用，在最初建立时就要慎重对待，具体的注意事项有如表9-3所示的一些。

表9-3　建立内部控制的注意事项

注意事项	内容
要能使公司的治理结构得到优化	企业高管不能凌驾于所建立的内部控制之上，否则内部控制就会形同虚设，企业的治理结构就会存在问题和漏洞。反之，能够促使企业治理结构得到优化的内部控制才是有意义的
要重视内部控制环境的创造与清理	内部控制环境的好坏直接决定企业内部控制的实施效果是好是坏，因此，管理决策者要加强自我约束和监督，员工工作要认真、仔细且尽职尽责，企业要有自身的内部审计流程等

续表

注意事项	内容
要明确企业内部的各职责分工和业务处理程序	企业建立的内部控制，要包括健全和强化企业的组织机构，要明确每个部门及每个员工负责的业务范围和职责权限，还要明文规定相应工作的处理流程，做到给部门及员工清晰可辨的工作目标，进而控制经营效率
要尽可能从细节控制转变为风险管理	企业实施内部控制初期经验不足，大多都会更注重经营管理细节的控制，这是理所应当的，但如果要使内部控制的效率更高，就需要企业将内部控制从细节控制向风险管理转变，通过进行经营风险的管理，反向作用于内部控制，只要风险管理得当，就可说明企业内部控制是有效的
要符合企业当前发展现状和发展需求	企业的内部控制是建立在企业当前发展情况上的，是对当前发展情况的纠正和未来发展情况的控制，因此内部控制必须符合企业当前的发展现状和未来的发展要求，这样才能使其与企业的经营管理相贴合，才能真正发挥其作用
要兼顾共性和个性的协调统一	企业实施的内部控制既不能过于笼统而忽略对某些至关重要的经营活动的关键控制，也不能过于细致而逐一地对各种经营活动进行全方位的控制，而要兼具共性和个性，既要从全局性入手做出系统的内部控制，又要从局部性入手对某些关键项目进行重点控制，使系统的控制能概括所有的控制内容，所有个别控制能补充系统控制
要有相应的监督评价机制	内部控制的实施效果需要通过一定的机制和方法来确定和判断，然后对不足之处做出相应调整，这样才能使企业的内部控制更完善、全面。而一定的机制主要指监督评价机制，即确定如何进行内部控制工作业绩评价、业绩好坏标准是怎样的以及内部控制什么时候需要调整和如何调整等
要建立健全内部控制制度	内部控制制度是企业实施内部控制工作的标准、指南、依据和说明，没有内部控制制度，企业的内部控制工作会如一盘散沙，不仅无法将各种管理控制工作联合在一起，而且也不能凝聚各部门、各员工的控制力量，最终使内部控制的实施举步维艰
要明确各部门和员工在内部控制中的角色	各部门和员工既是内部控制的作用对象，也是内部控制的执行者，所以建立的内部控制要明确各部门和员工在该工作中的责任和义务

企业建立内部控制，目的就是要实现"控制"，达到控制后带来的有利效果，如成本利润率提高了、资本成本率减低了以及偿债能力、盈利能力、运营能力和发展能力等增强了。如果内部控制不能发挥作用，或者初期建立时就存在很大问题，则想要实现"控制"，实属不易。

不得不了解的企业内部控制制度

内部控制制度就是企业建立的、用于对各项经营业务活动进行内部控制的措施、方法和规范，一般会形成具体的书面文件。下面从制度的分类、具体内容以及设计原则等方面进行详细介绍。

1. 内部控制制度的分类

内部控制制度按照不同的分类依据，可分成不同的种类。具体如表 9-4 所示。

表 9-4　内部控制制度的种类

分类依据	类型	说明
控制目的	会计控制	与财产物资的安全性、会计信息的真实性和完整性以及财务活动的合法性有关的内部控制
	管理控制	与经营方针和决策的贯彻执行、经营活动的经济性和效率性以及经营目标的实现等有关的内部控制
控制对象	成本费用管理制度	指对企业发生的所有成本、费用进行的内部控制，如控制成本和费用在某个合理的范围内
	投融资管理制度	指对企业的所有投资活动和融资活动进行的内部控制，如控制投融资金额、方向和范围等

续表

分类依据	类型	说明
控制对象	预算管理制度	指对企业的预算工作进行内部控制，包括控制项目的预算、实施时间、预算期以及预计要达到的效果等
	授权审批制度	指对企业的各种授权审批事务进行管理的内部控制，包括谁有什么权利、哪些手续需要审批后才有效等
	资金管理制度	指对企业的资金进行管理的内部控制，包括资金的使用范围、资金的流入和流出情况以及资金短缺或溢余的处理等内容
	采购及付款流程管理制度	指对企业的采购活动以及涉及的付款流程等进行管理的内部控制，包括经济订货量的确定、供应商的选择、付款方式的采用以及付款时间的确定等内容
	销售及收款流程管理制度	指对企业的销售活动以及涉及的收款流程等进行管理的内部控制，包括销售方式和收款方式的确定、收入确认时间的规定以及信用期政策的确定等内容
	实物资产管理制度	指对企业的各种实物资产进行管理的内部控制，包括厂房、仓库、库存商品、原材料、办公用品、低值易耗品、周转材料、生产设备以及其他实物资产
	合同管理制度	指对企业因各种业务而生成的合同进行管理的内部控制，包括各种合同如何编制、各种合同的具体内容包括哪些、合同文件如何保管以及合同资料如何利用等

2. 内部控制制度的具体内容

内部控制制度包括了上表所示的各种管理、控制制度，而内部控制制度本身会有一个较系统的内容说明，具体内容应包括如下 5 点。

◆ 处理各种经济业务的职责分工和程序方法。

◆ 资产记录和保管工作的分工。

◆ 保证会计凭证和会计记录完整性和正确性要求的规定。

◆ 财产清查盘点工作的规定。

◆ 计算机财务管理系统的操作权限和控制方法的说明。

如图 9-9 所示的是一般企业内部控制制度的内容框架。

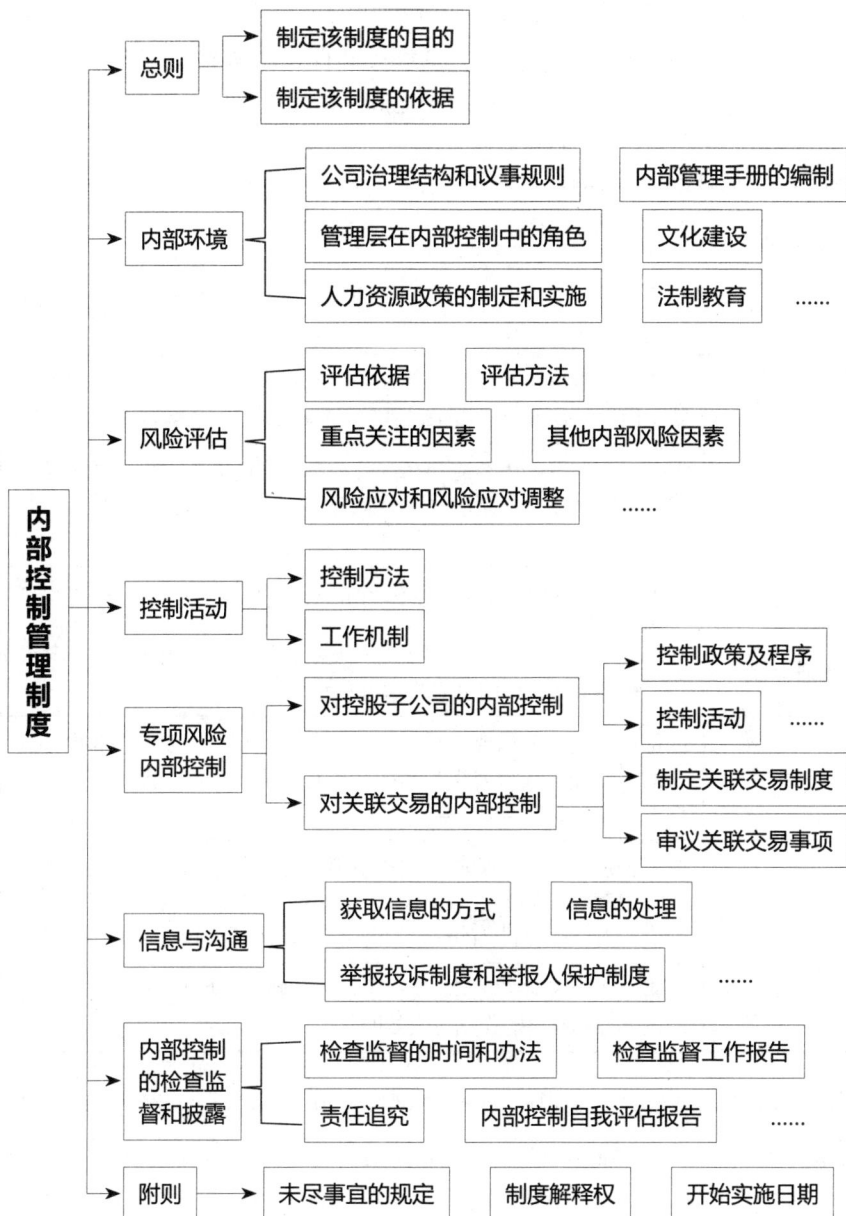

图 9-9　内部控制制度的内容框架

3. 内部控制制度的设计原则

通过前述内容可知,企业建立内部控制制度并不是随意而为的,相反,制度的设计需要遵循一定的原则,这样才能保证内部控制制度发挥其作为指南、依据和标准的作用。相关原则如表 9-5 所示。

表 9-5　内部控制制度的设计原则

原则	说明
合法性	内部控制制度中的相关规定必须要合法,只有在相关法律、法规的基础上建立的内部控制制度才有其存在的必要
合理性	内部控制制度中的任意条款都应合情合理,都应从企业自身发展状况出发,合理的内部控制制度才能真正指导企业做好内部控制
全面性	内部控制制度的内容应包括内部控制工作的方方面面,如内控环境、风险评估、控制活动、信息与沟通以及内部控制的检查监督和披露等
重要性	内部控制制度应突出控制工作的重点,适当简化不重要的内容
适应性	内部控制制度应与企业的经营和发展相适应,否则无法发挥其作用,甚至反而会制约企业的未来发展
制衡性	内部控制制度要体现其制衡性,即内部控制制度要使企业内部各方的工作任务或势力相互制约又相对平衡,这样才能促使企业全面发展,企业管理更完善
成本效益	内部控制制度要遵循成本效益原则,即内部控制制度的实施要使企业经营收获的效益大于成本,否则内部控制制度没有意义。实际上,内部控制制度的存在目的之一就是要控制企业的经营成本
有效性	通常企业的内部控制制度遵循了前述原则后,就能保证其有效性,即内部控制制度的作用是有效的

在我国当前经济市场中,各企业都在不断转换自己的经营机制,同时建立符合自身发展需求的企业制度,这种情况下,加强和完善企业的内部控制而使其发挥应有的作用,可增强企业的适应能力和竞争能力。

内部控制和内部审计的区别

　　内部审计是企业内部自己进行的审计工作，主要由企业内部的各职能部门、专职审计人员等参与。从管理范畴来看，内部审计实际上属于内部控制的一部分，即企业的内部控制工作包括进行内部审计，而内部审计工作的执行就是内部控制的一项控制活动。两者之间的区别主要表现在如表9-6所示的一些方面。

表 9-6　内部控制和内部审计的区别

区别	内部控制	内部审计
范围不同	对企业的采购、生产、销售、投融资以及财务等进行控制	主要是对财务报告进行审计，达到控制目的
性质不同	是企业对自身内部各方面进行控制，是一项服务工作	是对企业内部控制的有效性进行审计，是一项鉴证工作
责任主体不同	企业管理层，属于企业的经营层面	企业监督层，属于企业的审计监督层面
目的不同	帮助企业各部门和员工明确工作中的控制要点、标准和方法	帮助企业各部门和管理人员实行最有效的管理
作用对象不同	以人、业务、活动和目标等为控制对象	以财、物等实物为审计对象
是否独立	依赖企业的管理体系，同时服务于管理体系，与管理体系不可分割	与企业的管理体系相对独立
工作环节不同	主要涉及控制规划、建立控制制度、控制执行、控制检查监督、控制分析和控制改进等	主要涉及计划、检查、查阅、询问、分析和报告等

续表

区别	内部控制	内部审计
手段不同	主要有环境控制、风险评估、活动控制、信息与沟通以及控制检查监督	主要有查证、函证、抽样、座谈以及调查等
关注点不同	主要关注企业各种管理流程、制度和岗位约束以及制度的有效性等	主要关注各种指标的完成情况、异常财务现象以及财务是否规范等

在企业管理实务中，内部控制和内部审计并不是完全独立执行的，在执行内部控制时，需要进行内部审计；在执行内部审计时，就是在完成内部控制的任务。

严格管理财务人员，为公司建立财务屏障

从广义的角度看，财务人员包括了企业的财务管理人员和会计人员，而会计人员又包括出纳。财务人员是企业内部控制的重要参与者，更是内部控制的重要作用对象。

严格管理财务人员，可规范企业的财务管理工作，从而提高内部控制的效率和效益，防止各种财务舞弊行为的产生，为企业建立起一道坚固的财务屏障，防范经营风险。那么，企业要如何严格管理财务人员呢？

1.提高财务人员的整体素质

财务人员的素质包括品格、修养和能力等多个方面，企业提高财务

人员整体素质，就要从以下这些方面入手。

◆ 严格要求财务人员成为一名恪尽职守、做事谨慎细致、不卑不亢、诚实守信且坚守道德底线的企业员工。

◆ 督促财务人员养成"活到老，学到老"的习惯，做到遇事处变不惊、临危不乱，不将私人情绪带到工作中，不以权谋私，不以职务欺压同事。

◆ 对财务人员进行定期考核，了解它们的工作状况，对于需要提升财务能力的员工，要积极督促其学习或进修，或者主动组织培训活动来提高员工的财务能力。

2. 规范财务人员的行为

财务人员的行为对企业有着或轻或重的影响，若其行为不受控制，很可能会导致企业陷入经济纠纷，甚至法律风险。那么，企业要如何规范财务人员的行为呢？常见的一些措施如表 9-7 所示。

表 9-7　规范财务人员行为的措施

措施	说明
建立制度	企业通过建立财务管理制度、财务人员工作规范等，为财务人员提供行事标准，同时规定财务人员不按章办事会受到的处罚或处分，以此来约束和限制财务人员的行为
进行绩效考评	企业通过对财务人员进行绩效考评，了解财务人员在工作中的态度和表现，进而判断其行为是否规范，然后根据考评结果，针对性地提点存在行为不当的员工，不断规范员工的财务行为
鼓励员工互相监督	企业管理者无法随时随地地监督每一位员工的工作情况，也就无法具体地规范员工的行为，只有利用员工之间互相监督，才能达到员工共同进步的效果。与此同时，企业要建立举报投诉制度和举报人保护制度，来辅助企业员工的互相监督工作，真正落实行为监督，使举报人有勇气举报，被举报人无法报复而不得不规范自己的行为
按规定兑现奖惩	企业可在管理制度的基础上制定相应的奖惩办法，通过奖惩的兑现来引导财务人员的行为，使其为了获得奖励而规范自己的行为

3. 对财务人员进行适当授权

财务人员的工作不仅仅是单纯的记账、算账和报账，还涉及与其他职能部门之间的沟通及信息的传递，因此财务人员的工作实际上是非常复杂和繁多的。为了更好地完成财务管理工作，提高效率，企业就必须对财务人员进行适当授权。

"适当"就是不能过度，也不能过小。财务是企业生存和发展的"命脉"，管着企业的钱和账，财和物，如果企业管理层向财务人员过度授权，则可能发生事务处理不当或者挪用、侵吞公款等财务舞弊行为，损害企业的利益，于企业的发展不利。但如果吝啬于授权给财务人员，则企业管理层需要花很多的精力在财务管理上，这无疑会使企业其他各方面的工作得不到有效管理，同样会出问题。所以适当授权在严格管理财务人员方面非常重要。

比如，一些财务措施或执行办法的决定权可交给财务人员，但管理层必须拥有最终的审核权，只有审核通过，财务人员的决定才能付诸实践。

第 10 章

了解税务才能正确履行纳税义务

税务是企业财务管理工作中的重点内容之一，需要企业与国家税务机关打交道，因此，必然会涉及相关法律、法规的遵守问题。对企业来说，只有深入了解税务知识，才能切实做好税务管理工作，从而保证正确履行纳税义务，防止企业陷入法律风险而发生不必要的经济损失。

必须了解的税务术语

税是一个企业或单位因为利用国家资源而必须向国家支付的费用。实务中，它衍生出了许多术语，作为企业老板，必须要掌握这些术语。常见的税务术语有如表 10-1 所示的一些。

表 10-1　常见的税务术语

名称	解释
税收	该术语是站在征收机关的角度产生的，即国家税务机关将从企业和单位等处获得的税费作为财政收入，称之为"税收"
税费	该术语是站在作为纳税人的企业或单位的角度产生的，即企业或单位将应该向税务机关缴纳的税费作为费用支出，称之为"税费"
税款	指企业或单位向税务机关缴纳的税费款项，通俗的讲，就是钱
征税对象	指企业或单位在生产经营活动中需要缴纳税费的产品、项目、服务或资产等
税目	指具体的征税范围，是对各种征税对象进行的类型归纳，是对征税对象的质的界定。比如征税对象是车辆，其对应的税目可能有乘用车、商用车、其他车辆以及摩托车等
税种	是"税收种类"的简称，目前，我国有 18 种税，增值税、消费税、关税、城市维护建设税、城镇土地使用税、土地增值税、耕地占用税、车辆购置税、车船税、印花税、企业所得税、个人所得税、契税、房产税、环境保护税、烟叶税、船舶吨税以及资源税
税额	即各种税的税款数额
应纳税额	一般指根据特定算法计算得出的应向税务机关缴纳税款的具体数额
计税依据	即计算税额的根据，是对课税对象的量的规定，所以也称"税基"，常见的是应纳税所得额、销售收入、面积和辆数等

续表

名称	解释
税率	它是计算税额的尺度,是对征税对象应征税的征收比例或征收额度,我国现行的税率主要有比例税率、定额税率、超额累进税率和超率累进税率 4 种
税法	即各种税收法律、法规的总称,是税收征收机关向纳税人征税或纳税人向税收征收机关缴纳税款的法律依据,主要包括税收法令、条例、税则、施行细则、征收办法和其他有关规定等
税制	是"税收制度"的简称,它是对各种课税方法进行规定而形成的制度或办法,是纳税人履行纳税义务的法律规范,一般来说,由税收主体、税收客体、税率和违章处理等内容构成
税务	所有税收事务的总称,广义上,税收方针的研究、制定、宣传、贯彻和执行,税收制度的建立、调整、修订、完善、宣传和执行等,都属于税务;而狭义上,税务仅指税收征收与管理工作
税负	即"税收负担"的简称,它是一个定性概念,主要就是体现企业的纳税义务,因缴纳税款对企业来说是一项经营成本,因此称为"负担",即成了"税负"
纳税期限	指纳税人在纳税义务发生后应依法缴纳税款的期限,在该期限内,任意一天缴纳税款都可以;超过该期限,可能被认定为税款滞纳或偷逃税款等

　　掌握税务专业术语,是做好税务工作的大前提,否则将无法理解各种税务的意思,更无法准确开展税务工作。

企业需要交的税有哪些

　　不同性质的企业,或者经营范围不同的企业,其所需缴纳税费的税种都会不同。总结起来，各行各业可能涉及的税种目前有 18 种。下面做简单的介绍和了解。

1. 增值税

增值税是一种流转税，以商品或应税劳务在流通过程中产生的增值额为计税依据而征缴。它实行价外税，即税费不包括在商品或应税劳务的价格中，而是单独核算。如表 10-2 所示的是增值税的具体情况。

表 10-2　增值税的知识要点

要点	说明
征税环节	一般来说，只要商品或应税劳务涉及增值，无论是什么环节，都要征收增值税，常见的需要征收增值税的环节有采购、销售和委托加工等
一般征收范围	销售自产、委托加工及进口等货物，提供加工和修理修配劳务等
特殊征收范围	银行销售金银的业务、典当业销售死当物品的业务、寄售业销售委托人寄售物品的业务以及其他各种视同销售行为，如将货物交由他人代销、将自产或委托加工的货物用于非应税项目等
纳税人	在中华人民共和国境内销售货物或提供加工、修理修配劳务以及进口货物的单位和个人
纳税人的类型	一般纳税人和小规模纳税人，一般以年应税销售额 500 万元为划分界限，超过的，认定为一般纳税人；未超过的，认定为小规模纳税人。但如果符合认定为一般纳税人的条件，即使没有达到 500 万元，也可认定为一般纳税人
税率等级	增值税的税率有一般纳税人和小规模纳税人的区别，一般纳税人的税率等级分为 13%、9%、6% 和 0% 这 4 档；小规模纳税人的税率一般称为征收率，且为 3%
税收优惠	增值税的税收优惠类型有免税、减税和即征即退等，各种类型下有具体的优惠政策
应纳税额	增值税应纳税额 = 当期销项税额 − 当期进项税额 销项税额 = 销售额 × 适用税率 / 征收率 　　　　　= 含税销售额 ÷（1+ 适用税率 / 征收率）× 税率

续表

要点	说明
起征点	增值税的起征点适用于个人，且不适用于登记为一般纳税人的个体工商户。未达到起征点的，免税；达到起征点的，全额计税。按期纳税的，起征点为月销售额 5 000 元（含）～ 20 000 元（含）；按次纳税的，起征点为每次（日）销售额 300 元（含）～ 500 元（含）
纳税义务发生时间	不同的应税行为，其纳税义务发生时间是不同的，比如，以直接收款方式销售货物的，无论是否发出货物，纳税义务均发生在收到销售款或取得销售凭据的当天；以托收承付和委托银行收款方式销售货物的，纳税义务均发生在发出货物并办妥托收承付手续的当天
纳税地点	即纳税人缴纳增值税税款的地方，主要有经营机构所在地的主管税务机关、销售地或劳务发生地的税务机关以及报关地海关等
纳税期限	增值税的纳税期限分 1 日、3 日、5 日、10 日、15 日、1 个月或 1 个季度；若不能按固定期限纳税，可按次缴纳。以 1 日、3 日、5 日、10 日或 15 日为一个纳税期的，自期满之日起 5 日内预缴税款，并在次月 1 日起 15 日内申报纳税并结清上月应纳税款；以 1 个月或 1 个季度为一个纳税期的，自期满之日起 15 日内申报纳税；纳税人进口货物的，自海关填发进口增值税专用缴款书之日起 15 日内缴纳税款

【案例分析】——公司当月应纳增值税的计算

2019 年 9 月 30 日，某公司的财会人员在结账后，总结出如下数据结果，该公司当月增值税进项税额共 18 027.96 元，对应需要缴纳增值税的收入有 190 306.3 元。已知该公司为增值税一般纳税人，适用税率为 13%。则该公司当月应缴纳的增值税税额如下。

当期销项税额 =190 306.3 × 13%=24 739.82（元）

当期应纳税额 =24 739.82−18 027.96=6 711.86（元）

2. 消费税

消费税也是一种流转税，以应税消费品的流转额为征税对象和计税依据来征缴。它实行价内税，即税费包含在应税消费品的价格中，并不单独核算。如表 10-3 所示的是消费税的具体情况。

表 10-3　消费税的知识要点

要点	说明
征税环节	消费税一般只在应税消费品的生产、委托加工和进口环节征缴，在批发和零售等环节不再征缴。但是一些特殊应税消费品依然需要在批发或零售环节征缴消费税，比如，卷烟在批发环节还要缴纳消费税，超豪华小汽车只在零售环节缴纳消费税等
一般征收范围	部分特定的消费品，如烟、酒、鞭炮、焰火、化妆品、成品油、贵重首饰及珠宝玉石、高档手表以及木制一次性筷子等
纳税人	在中华人民共和国境内生产、委托加工、零售和进口《中华人民共和国消费税暂行条例》规定的应税消费品的单位和个人
税率	消费税税率主要有比例税率和定额税额，有些是比例税率，有些是定额税率，有些是比例税率与定额税率结合使用。比如，甲类卷烟的消费税税率为 56%，若是生产环节发生，则还需外加 0.003 元/支的消费税；乙类卷烟的消费税税率为 36%，若是生产环节发生，则还需外加 0.003 元/支的消费税；高档化妆品的消费税税率为 15%；金银首饰、铂金首饰、钻石及钻石饰品等的消费税税率为 5%；汽油的消费税税率为 1.52 元/升等
应纳税额	应纳税额 = 销售额 × 比例税率（从价计征） 应纳税额 = 销售数量 × 定额税率（从量计征） 应纳税额 = 销售额 × 比例税率 + 销售数量 × 定额税率（从价定率与从量定额复合计征） 应纳税额 = 组成计税价格 × 比例税率（自产自用、委托加工和进口环节等从价计征） 应纳税额 = 组成计税价格 × 比例税率 + 自产自用数量 × 定额税率（自产自用复合计征） 应纳税额 = 组成计税价格 × 比例税率 + 委托加工数量 × 定额税率（委托加工复合计征） 应纳税额 = 组成计税价格 × 比例税率 + 进口数量 × 定额税率（进口环节复合计征）
纳税义务发生时间	不同的应税行为，其纳税义务发生时间是不同的，比如，以预收货款结算的，纳税义务发生时间为发出应税消费品的当天；自产自用的应税消费品，纳税义务发生时间为移送使用的当天等

续表

要点	说明
纳税地点	即纳税人缴纳消费税的地方，主要有纳税人经营机构所在地或居住地的主管税务机关、报关地海关及总机构所在地的税务机关等
纳税期限	消费税纳税期限的规定，与增值税的纳税期限的规定完全一致，这里不再赘述

【案例分析】——受托加工化妆品的消费税核算

2019 年 10 月 15 日，某化妆品加工公司受某化妆品销售公司的委托，加工一批高档化妆品，共收取加工费 16 万元（不含增值税）。已知销售公司提供了价值 88.5 万元的原材料，且该加工公司没有同类产品销售价格，适用消费税税率 15%。计算加工公司应代收代缴的消费税。

组成计税价格 =（16+88.5）÷（1-15%）=139.33（万元）

消费税应纳税额 =139.33×15%=20.90（万元）

3. 关税

关税也是一种流转税，是对进出国境或关境的货物或物品征收的一种税，它以关税完税价格为计税依据进行征缴。如表 10-4 所示的是关税的具体情况。

表 10-4　关税的知识要点

要点	说明
征税环节	主要在进口、出口和过境这 3 个环节征收
一般征收范围	进出过境或关境的货物、物品
纳税人	分两大类情况，一是贸易性商品的纳税人为经营进出口货物的收、发货人；二是进出口物品的纳税人，如入境旅客随身携带的行李、物品的持有人，各种运输工具上服务人员入境时携带自用物品的持有人，以及个人邮递物品的收件人等
税收优惠	有减税和免税，如法定性减免税、政策性减免税和临时性减免税

续表

要点	说明
税率	关税税率分为进口税率和出口税率，其中，进口关税一般采用比例税率，从价计征，且针对不同的进口国会有不同的税率，如普通税率、最惠国税率、协定税率、关税配额税率和暂定税率等，但也有一些进口货物实行从量计征和复合计征。具体关税税率需查询《海关进出口税则》确认
应纳税额	应纳税额＝应税进（出）口货物数量×单位完税价格×适用税率 应纳税额＝应税进口货物数量×关税单位税额 应纳税额＝应税进口货物数量×关税单位税额＋应税进口货物数量×单位完税价格×适用税率
纳税义务发生时间	纳税人按进出口货物通关规定向海关申报后、海关放行前一次性缴纳
纳税地点	指定的银行
纳税期限	在海关签发税款缴款凭证次日起 15 日内（星期日和法定节假日顺延），逾期不缴纳的，需加收滞纳金

【案例分析】——企业进口小汽车自用的关税处理

2019 年 10 月，某企业进口一辆小汽车，用于高管商务接洽活动。已知企业共支付价款 18.2 万元，小汽车在运抵我国关境内输入点且还未起卸前，运费和保险费共 3.2 万元，而货物起卸后的运费和保险费共 2.3 万元，关税税率为 25%，则该公司应缴纳的关税是多少呢？

关税完税价格 =18.2+3.2=21.4（万元）

应纳税额 =21.4×25%=5.35（万元）

4. 企业所得税

企业所得税是一种所得税，以企业的生产经营所得和其他所得为计税依据来征缴。但需要注意的是，并不是所有的企业都要缴纳企业所得税，具体情况如表 10-5 所示。

表 10-5　企业所得税的知识要点

要点	说明
征税环节	一般在企业预缴或年终预算清缴时征缴
一般征收范围	在中华人民共和国境内取得的各种收入
纳税人	在中华人民共和国境内的企业和其他取得收入的组织，包括各类企业、事业单位、社会团体、民办非企业单位和从事经营活动的其他组织，但个人独资企业和合伙企业不缴纳企业所得税
税收优惠	企业所得税的税收优惠包括免税收入、减免税所得、小型微利企业和高新技术企业等税收优惠、加计扣除、应纳税所得额抵扣、加速折旧、减计收入以及应纳税额抵免等
税率	企业所得税的一般税率为 25%，一些特殊的企业或经济行为会有特定的税率，如 20%、15% 和 10% 等
应纳税额	应纳税额 = 应纳税所得额 × 适用税率 − 减免税额 − 抵免税额
纳税地点	居民企业以企业登记注册地为纳税地点（税收法律、行政法规等另有规定的除外），登记地在境外的，以实际管理机构所在地为纳税地点；非居民企业的纳税地点可能在机构或场所的所在地，有多个机构或场所的，也可能在主要机构、场所，还可能在扣缴义务人所在地等
纳税期限	按年计征，分月或分季预缴，年终汇算清缴，多退少补。企业应自年度终了之日起 5 个月内，向税务机关报送年度企业所得税纳税申报表，并汇算清缴；按月或按季预缴的，应自月份或季度终了之日起 15 日内向税务机关报送预缴企业所得税纳税申报表，预缴税款

【案例分析】——计算企业应缴纳的企业所得税

2019 年 9 月，丁公司实现净利润共 23.76 万元，已知该企业被认定为技术先进型服务企业，所以企业所得税适用 20% 的税率。同时，企业在经营过程中还发生了一些研究开发费用，共 13.44 万元，做账时只据实扣除了全部费用，但按照相关规定，可按研发费用的 50% 加计扣除。应缴纳的企业所得税如下。

应纳税额 =（23.76−13.44×50%）×20%=3.41（万元）

5. 个人所得税

个人所得税也是一种所得税，以自然人个人取得的收入总额为计税依据来征缴。个人所得税目前也实行按月月缴、年终汇算清缴，多退少补。如表 10-6 所示的是个人所得税的具体情况。

表 10-6　个人所得税的知识要点

要点	说明
一般征收范围	工资、薪金所得，劳务报酬所得，稿酬所得，特许权使用费所得，经营所得，利息、股息、红利所得，财产租赁所得，财产转让所得以及偶然所得
纳税人	包括居民个人和非居民个人
税收优惠	大致包括免税项目、减税项目以及暂免征税项目等
税率	个人所得税采用超额累进税率，不同收入等级的税率或不同的所得类型，其税率等级都会不同。比如综合所得，税率等级有 3%、10%、20%、25%、30%、35% 和 45%；经营所得，税率等级有 5%、10%、20%、30% 和 35%；另外，利息、股息、红利所得以及财产租赁所得、财产转让所得和偶然所得等，税率为 20%
应纳税额	应纳税额 = 应纳税所得额 × 适用税率 − 速算扣除数 应纳税所得额 = 每一纳税年度的收入总额 − 免征额 − 专项扣除 − 专项附加扣除 − 依法确定的其他扣除 应纳税额 = 每次收入额 × 适用税率
纳税地点	企业员工一般由企业代扣代缴
纳税期限	取得综合所得，按年计缴个人所得税；有扣缴义务人的，按月或按次预扣预缴税款；需要办理汇算清缴的，在取得所得的次年 3 月 1 日～ 6 月 30 日内办理；没有扣缴义务人的，在取得所得的次月 15 日内向税务机关申报并缴纳税款等

> **小贴士**　*起征点和免征额的区别*
>
> 起征点只是一个单纯的分界点，而免征额涉及免缴税款的问题。比如，某员工工资为 5 001 元，起征点为 5 000 元，表示该员工 5 001 元全部需要缴纳个人所得税；若免征额为 5 000 元，表示该员工工资超过 5 000 元的 1 元需要缴纳个人所得税。

【案例分析】——计算企业某员工当月应缴纳的个人所得税

2019 年 9 月，某企业人事部提交的全体员工应发工资数据中，李俊的应发工资数额为 7 528 元。已知李俊个人需缴纳的基本养老保险、基本医疗保险、失业保险和住房公积金等共计 1 129 元，同时，李俊向公司申请了住房租金专项附加扣除共 700 元。根据工资薪金所得税税率表，计算李俊 9 月应缴纳的个人所得税。

应纳税所得额 =7 528－5 000－1 129－700=699（元）

应纳税额 =699×3%=20.97（元）

6. 城市维护建设税

城市维护建设税是一种行为税，以实际缴纳的增值税和消费税的税额为计税依据来征缴，所以它也是增值税和消费税的附加税。如表 10-7 所示的是城市维护建设税的具体情况。

表 10-7　城市维护建设税的知识要点

要点	说明
一般征收范围	有实际增值税和消费税支出的情况都要征收
纳税人	在中华人民共和国境内缴纳增值税、消费税的单位和个人
税收优惠	一般是一些减免规定，且原则上比照增值税和消费税的减免规定。注意，增值税、消费税实行先征后返、先征后退和即征即退办法的，除另有规定外，随增值税、消费税附征的城市维护建设税一律不予退（返）还
税率	实行差别比例税率，即按照纳税人所在地区的不同，分设了两档税率，7%（市区）和 5%（非市区）
应纳税额	应纳税额 =（实际缴纳的增值税税额＋实际缴纳的消费税税额）× 适用税率
纳税地点	该税的纳税地点为实际缴纳增值税、消费税的地点
纳税期限	按月或按季计征，在月度或季度终了之日起 15 日内申报并缴纳税款；不能按固定期限计征的，可按次计征，在纳税义务发生之日起 15 日内申报并缴纳税款

【案例分析】——计算某企业上月应缴纳的城市维护建设税

2019 年 10 月初，丙公司实际缴纳 9 月的增值税 52 736.48 元，消费税 21 089.24 元，已知该公司地处某市郊区，适用城市维护建设税税率为 5%，那么，丙公司 9 月应缴纳多少城市维护建设税呢？

应纳城市维护建设税 ＝（52 736.48+21 089.24）×5%=3 691.29（元）

7. 契税

契税是一种财产税，以成交价格、市场价格、价格差额或者补交的土地使用权出让费等为计税依据来征缴，主要与房屋、土地等有关，如表 10-8 所示的是契税的具体情况。

表 10-8 契税的知识要点

要点	说明
一般征收范围	国有土地使用权转让、土地使用权转让以及房屋的买卖、赠与和交换等；另外，以土地、房屋权属作价投资、入股，以获奖方式承受的土地、房屋权属等
纳税人	在中华人民共和国境内承受土地、房屋权属的单位和个人
税收优惠	主要是一些特殊的免征和减征政策，如国家机关、事业单位、社会团体、军事单位等承受土地、房屋用于办公、教学、医疗、科研和军事设施的，免征契税
税率	实行 3% ～ 5% 的幅度比例税率，具体税率按照本地区的实际情况确定
应纳税额	应纳税额 ＝ 计税依据 × 适用税率
纳税义务发生时间	纳税人签订土地、房屋权属转移合同的当天，或者纳税人取得其他具有土地、房屋权属转移合同性质凭证的当天
纳税地点	实行属地征收管理，即向土地、房屋所在地的税务征收机关申报纳税
纳税期限	自纳税义务发生之日起 10 日内，向主管税务机关申报纳税

【案例分析】——计算某企业当月应缴纳的契税

某公司为了扩大生产规模，决定购买一栋房产作为厂房。2019 年 10 月，该公司支付 83 万元购得某地的一栋闲置厂房，双方签订房屋权属转移协议。已知该厂房所在地适用的契税税率为 4%，则该公司因购买该房产需要缴纳多少契税呢？（暂不考虑印花税和房产税）

应交契税 =83×4%=3.32（万元）

8.房产税

房产税也是一种财产税，以房产余值或租金收入为计税依据来征缴，其中，房产余值是指房产原值一次性减除 10%～30% 后的余额。如表 10-9 所示的是房产税的具体情况。

表 10-9　房产税的知识要点

要点	说明
一般征收范围	城市、县城、建制镇和工矿区的房屋
纳税人	在中华人民共和国境内的城市、县城、建制镇和工矿区内拥有房屋产权的单位和个人，包括产权所有人、承典人、房屋使用人等
税收优惠	主要是一些特殊的免征和减征政策，如国家机关、人民团体和军队等自用的房产免征房产税；高校学生公寓免征房产税等
税率	实行比例税率，从价计征的，税率为 1.2%；从租计征的，税率为 12%
应纳税额	应纳税额 = 应税房产原值 ×（1- 扣除比例）×1.2% 应纳税额 = 租金收入 ×12%
纳税义务发生时间	不同的应税行为，纳税义务发生时间不同。比如，纳税人将原有房产用于生产经营的，从生产经营当月起缴纳房产税；纳税人自建房屋用于生产经营的，从建成的次月起缴纳房产税等
纳税地点	房产所在地
纳税期限	实行按年计算、分期缴纳的征收方式，具体纳税期限由省、自治区和直辖市的人民政府根据当地实际情况确定

【案例分析】——计算某企业应缴纳的房产税

某公司 2019 年初拥有一栋厂房，原值为 200 万元。6 月 30 日将其出租给其他单位，租期为两年，每月租金 8 000 元（不含增值税）。已知当地政府规定的计算房产余值的扣除比例为 25%，则截至 2019 年 10 月，该公司需要缴纳的房产税有多少呢？

2019 年 6 月前应交房产税 =200×（1−25%）×1.2%×6/12=0.9（万元）

2019 年 7 ~ 10 月应交房产税 =8 000×12%×4=3 840（元）

截至 2019 年 10 月公司应交房产税总额 =9 000+3 840=12 840（元）

9. 印花税

印花税是一种行为税，以合同、产权转移书据等列明的价款或报酬，或者实收资本、资本公积合计金额以及相关成交金额或件数等为计税依据进行征缴。具体情况如表 10-10 所示。

表 10-10　印花税的知识要点

要点	说明
一般征收范围	合同、产权转移书据、营业账簿、权利许可证照以及证券交易等，具体包括买卖合同、借款合同、融资租赁合同、租赁合同、承揽合同、建设工程合同、运输合同、技术合同、保管合同、仓储合同、土地使用权和房屋权属等权利转让书据、不动产权证书、营业执照、专利证书、注明实收资本和资本公积的营业账簿等
纳税人	订立或领受在中华人民共和国境内具有法律效力的应税凭证或进行证券交易的单位和个人
税收优惠	一些特殊的免征和暂免征政策，如应税凭证的副本或抄本免征印花税，农民、农民专业合作社、农村集体经济组织、村民委员会等购买农业生产资料或销售资产农产品订立的买卖合同和农业保险合同等，免征印花税，租赁承包经营合同免税等
税率	不同的应税项目对应不同的税率，如买卖合同税率为支付价款的 0.3‰；租赁合同为租金的 1‰；产权转移书据为支付价款的 0.5‰；营业账簿为实收资本（股本）和资本公积合计金额的 0.25‰；融资租赁合同为租金的 0.05‰等

续表

要点	说明
应纳税额	应纳税额 = 价款或报酬 × 适用税率 应纳税额 =（实收资本 + 资本公积）× 适用税率 应纳税额 = 成交金额或依法确定的计税依据 × 适用税率 应纳税额 = 应税凭证件数 × 定额税率
纳税义务发生时间	纳税人订立、领受应税凭证或完成证券交易的当天
纳税地点	纳税人经营机构所在地的主管税务机关；出让或转让不动产权的，纳税地点为不动产所在地
纳税期限	一般实行按季或按年计征，在季度、年度终了之日起 15 日内申报缴纳；按次计征的，在纳税义务发生之日起 15 日内申报缴纳
解缴	证券交易的印花税按周解缴，扣缴义务人应在每周终了之日起 5 日内申报解缴税款及孳息
缴纳方法	可以自行贴花，也可汇贴汇缴或委托代征。自行贴花就是自行计算应纳印花税额，自行贴足印花并注销；汇贴汇缴针对频繁贴花的企业，委托代征是指由税务部门委托国家有关部门代征

【案例分析】——计算某企业当月应缴纳的印花税

乙公司 2019 年 10 月，与外单位签订了几份商品买卖合同，总价款合计 102.38 万元，适用印花税税率为 0.3‰。则乙公司当月应缴纳多少印花税？

应缴纳印花税 = 1 023 800 × 0.3‰ = 307.14（元）

注意，实务中，签订合同的双方都要缴纳印花税，但是合同的副本不需要再缴纳印花税。

10. 城镇土地使用税

城镇土地使用税是一种资源税，以纳税人实际占用的土地面积为计税依据来征缴。注意，一旦需要缴纳城镇土地使用税，则每年都要缴。如表 10-11 所示的是城镇土地使用税的具体情况。

表 10-11　城镇土地使用税的知识要点

要点	说明
一般征收范围	城市、县城、建制镇和工矿区的国家所有或集体所有的土地
纳税人	在规定征税范围内使用土地的单位和个人
税收优惠	一些特殊的免征、减征和暂免征收的政策，如国家机关、人民团体和军队自用的土地免征城镇土地使用税，直接用于农、林、牧、渔业的生产用地免征城镇土地使用税，以及凡是缴纳了耕地占用税的，从批准征用之日起满一年后征收城镇土地使用税等
税率	实行定额税率，分大城市、中等城市、小城市以及县城、建制镇和工矿区这4个等级，每年每平方米分别对应1.5～30元、1.2～24元、0.9～18元和0.6～12元的定额税率，具体税率由当地人民政府确定
应纳税额	应纳税额＝实际占用应税土地面积（m²）×适用税率
纳税义务发生时间	不同的经济行为，城镇土地使用税的纳税义务发生时间不同。比如，纳税人购置新建商品房，自房屋交付使用的次月起缴纳；纳税人出租、出借房产，从交付出租、出借房产的次月起缴纳等
纳税地点	土地所在地
纳税期限	按年计算、分期缴纳，具体纳税企业由省、自治区和直辖市人民政府确定

【案例分析】——计算某企业当年应缴纳的城镇土地使用税

戊公司位于某市郊区，实际占用土地面积为 5 000 平方米，已知该土地是非耕地，当地人民政府确定的定额税率为每年每平方米 11 元。则该公司每年应缴纳的城镇土地使用税有多少呢？

应纳城镇土地使用税 =5 000×11=55 000（元）

11. 耕地占用税

耕地占用税既是一种资源税，也是一种行为税，征税对象就是"占用耕地"这一行为，只需缴纳一次。它以纳税人实际占用的耕地面积为计税依据来征缴。如表 10-12 所示的是耕地占用税的具体情况。

表 10-12　耕地占用税的知识要点

要点	说明
一般征收范围	为建房或从事其他非农业建设而占用的国家和集体所有的耕地
纳税人	在中华人民共和国境内占用耕地建房或从事其他非农业建设的单位和个人
税收优惠	一些特殊的免征、减征或退还税款等政策，如军事设施占用应税土地的免征，铁路路基、桥梁、涵洞和隧道等减按每平方米 2 元的税额标准征收，以及学校、幼儿园、养老院和医院等占用应税土地的免征
税率	实行定额税率和地区差别的幅度税率，总共 4 档，人均耕地不超过 1 亩的地区，每平方米 10 ~ 50 元；人均耕地超过 1 亩但不超过 2 亩的地区，每平方米 8 ~ 40 元；人均耕地超过 2 亩但不超过 3 亩的地区，每平方米 6 ~ 30 元；人均耕地超过 3 亩的地区，每平方米 5 ~ 25 元
应纳税额	应纳税额 = 实际占用耕地面积（m²）× 适用税率
纳税义务发生时间	单独选址项目占用耕地的，纳税义务发生时间为收到土地管理部门建设用地批准书之日；未经批准占用耕地的，纳税义务发生时间为实际占用耕地之日
纳税地点	耕地或其他农用地所在地
纳税期限	自收到土地管理部门农用地转用批复文件之日或实际占用耕地之日起 30 日内申报缴纳

【案例分析】——计算某企业应缴纳的耕地占用税

某公司地处某县城边，实际占用耕地面积达到 1 200 平方米。当地人均耕地面积在 1 ~ 2 亩之间，政府规定耕地占用税的定额税率为 20 元每平方米。那么该公司需要缴纳多少耕地占用税呢？

应纳耕地占用税 = 1 200×20=24 000（元）

12. 土地增值税

土地增值税是一种财产税，以转让房地产而取得的增值额为计税依据来征缴。若无增值，则无须缴纳。该税的具体情况如表 10-13 所示。

表 10-13　土地增值税的知识要点

要点	说明
一般征收范围	国有土地使用权、地上建筑物及其他附着物产权
纳税人	转让国有土地使用权、地上建筑物及其他附着物并取得收入的单位和个人，包括个体经营者
税收优惠	特定的扣除项目（如取得土地使用权支付的金额、房地产开发成本和开发费用、与转让房地产有关的税金以及财政部确定的其他扣除项目）和免税项目（如纳税人建造普通标准住宅出售，增值额未超过扣除项目金额 20% 的，予以免税；企事业单位、社会团体和其他组织转让旧房作为公共租赁住房房源且增值额未超过扣除项目金额 20% 的，免税）
税率	实行超率累进税率，共 4 档，增值额不超过扣除项目金额 50% 的部分，税率为 30%，速算扣除系数为 0；增值额超过扣除项目金额 50% 但不超过 100% 的部分，税率为 40%，速算扣除系数为 5%；增值额超过扣除项目金额 100% 但不超过 200% 的部分，税率为 50%，速算扣除系数为 15%；增值额超过扣除项目金额 200% 的部分，税率为 60%，速算扣除系数为 35%
应纳税额	应纳税额 = ∑（每级增值额 × 适用税率 − 扣除项目金额 × 速算扣除系数）
纳税义务发生时间	转让房地产合同签订之日
纳税地点	房地产所在地主管税务机关
纳税期限	按月或按季定期申报，纳税人在转让房地产合同签订后的 7 日内，办理纳税申报和缴纳

【案例分析】——计算某企业应缴纳的土地增值税

丁公司 2019 年 10 月销售了自行开发的商业房产项目，共取得收入 8 000 万元，已知准予扣除项目金额为 5 000 万元，计算应交土地增值税。

增值额 =8 000-5 000=3 000（万元）＞ 5 000×50%

应缴土地增值税 =3 000×40%-5 000×5%=950（万元）

13. 车辆购置税

车辆购置税是一种行为税，以车辆的计税价格为计税依据来征缴。该税只需缴纳一次，即在购买车辆时一次缴清。还要注意的是，若购置的车辆已经缴纳过车辆购置税，则不再缴纳。如表 10-14 所示的是车辆购置税的具体情况。

表 10-14　车辆购置税的知识要点

要点	说明
一般征收范围	汽车、摩托车、电车、挂车和农用运输车等，具体包括各类汽车、轻便摩托车、二轮摩托车、三轮摩托车、无轨电车、有轨电车、挂车、半挂车、三轮农用运输车和四轮农用运输车
纳税人	在中华人民共和国境内购置规定的车辆的单位和个人
税收优惠	一些特殊的免税、减税政策，如自 2016 年 1 月 1 日起至 2020 年 12 月 31 日止，城市公交企业购置的公共汽电车免征车辆购置税；自 2018 年 1 月 1 日起至 2020 年 12 月 31 日止，购置的新能源汽车免征车辆购置税；以及其他国务院规定予以免税或减税的情形
税率	10%
应纳税额	应纳税额 = 计税价格 × 税率　（非进口） 应纳税额 =（关税完税价格 + 关税 + 消费税）× 税率　（进口）
纳税义务发生时间	一般在购买车辆时发生纳税义务，且由销售车辆方代收代缴；若是免税、减税车辆因转让或改变用途等不再属于免税、减税范围，则转让或改变用途时发生纳税义务
纳税地点	所购车辆登记注册地的主管税务机关；若属于不需登记注册的车辆，纳税人所在地的主管税务机关为纳税地点
纳税期限	自购买、进口或取得之日起 60 日内申报纳税

【案例分析】——计算某企业应缴纳的车辆购置税

某公司 2019 年 9 月购买一辆非新能源汽车自用，价值 12 万元，则购买时需要缴纳的车辆购置税是多少呢？

应缴车辆购置税 =120 000 × 10%=12 000（元）

14. 车船税

车船税即车船使用税，是一种财产税，以车船的计税单位数量为计税依据来征缴。纳税人持有或使用车船期间，每年都需要缴纳车船税。如表 10-15 所示的是车船税的具体情况。

表 10-15　车船税的知识要点

要点	说明
一般征收范围	在中华人民共和国境内属于车船税法规定的应税车辆和船舶
纳税人	征税范围内的车辆和船舶的所有人、管理人或使用人
税收优惠	一些特殊的免征、减征政策，如捕捞、养殖渔船免征，警用车辆免征，新能源车船免征，以及节约能源车船减半征收等
税率	实行定额税率，乘用车根据发动机气缸容量划分税率档次，共 7 档，60 ～ 360 元、300 ～ 540 元、360 ～ 660 元、660 ～ 1 200 元、1 200 ～ 2 400 元、2 400 ～ 3 600 元和 3 600 ～ 5 400 元，且以辆数为计税单位；商用车划分为客车和货车，客车以辆数为计税单位，税率为 480 ～ 1 440 元，货车以整备质量吨数为计税单位，税率为 16 ～ 120 元；专用作业车和轮式专用机械车等其他车辆(不包括拖拉机)也以整备质量吨数为计税单位，税率为 16 ～ 120 元；摩托车以辆数为计税单位，税率为 36 ～ 180 元；机动船舶以净吨位数为计税单位，税率为 3 ～ 6 元；游艇以艇身长度为计税单位，税率为 600 ～ 2 000 元
应纳税额	应纳税额 = 辆数 / 整备质量吨数 / 净吨位数 / 艇身长度 × 适用年基准税额（拖船和非机动驳船减半征收，即乘 50%）
纳税义务发生时间	取得车船所有权或管理权的当月，或者是车船管理部门核发的车船登记证书或行使证书记载日期的当月
纳税地点	车船登记地或车船税扣缴义务人所在地
纳税期限	按年申报、分月计算、一次性缴纳，具体期限由省、自治区和直辖市人民政府确定

【案例分析】——计算某企业应缴纳的车船税

某公司 2019 年 9 月购买一辆非新能源汽车自用，价值 12 万元，且属于乘用车，排气量为 2.2 升，当地规定的年基准税额为 768 元。则该车每年需缴纳的车船税是多少呢？

每年应缴车船税 =1×768=768（元）

15. 环境保护税

环境保护税可理解为一种行为税，一般按污染物的排放量为计税依据来征缴。如表 10-16 所示的是环境保护税的具体情况。

表 10-16 环境保护税的知识要点

要点	说明
一般征收范围	《中华人民共和国环境保护税法》所附《环境保护税税目税额表》和《应税污染物和当量值表》规定的大气污染物、水污染物、固体废物和噪声等应税污染物
纳税人	在中华人民共和国领域和管辖的其他海域，直接向环境排放应税污染物的企事业单位和其他生产经营者
税收优惠	主要是一些暂免征税的政策，如非规模化养殖的农业生产排放应税污染物的，暂免征；机动车、铁路机车、非道路移动机械、船舶和航空器等流动污染源排放应税污染物的，暂免征等
税率	采用定额税率，且不同的税目有不同的税率。比如，大气污染物每污染当量 1.2 ~ 12 元，水污染物每污染当量 1.4 ~ 14 元；固定废物根据废物种类分为每吨 5 元、15 元、15 元和 1 000 元；噪声一般指工业噪声，按超标分贝划分档次，税率对应每月 350 元、700 元、1 400 元、2 800 元、5 600 元和 11 200 元
应纳税额	应纳税额 = 污染当量数 / 排放量 / 超标分贝数 × 具体适用税额
纳税义务发生时间	纳税人排放应税污染物的当天
纳税地点	污染物排放地
纳税期限	按月计算、按季申缴，从季度终了之日起 15 日内申缴；不能按季缴纳的，可按次申缴，从纳税义务发生之日起 15 日内申缴

注：污染当量数 = 污染物的排放量 ÷ 污染物的污染当量值

【案例分析】——计算某企业应缴纳的环境保护税

某建筑施工单位承接了一个施工项目，按规定需要缴纳相应的环境保护税，根据当地税率标准，该企业施工时噪声超标 9 分贝，每月应缴纳 1 400 元的环境保护税。

16. 资源税

很显然，资源税是我国五大税种之一，以销售额或销售数量为计税依据来征缴。它是一种价内税，即包含在商品价格中，具体情况如表 10-17 所示。

表 10-17　资源税的知识要点

要点	说明
征税环节	开采、销售或自用环节计缴
一般征收范围	矿产品和盐两大类，具体包括原油、天然气、煤炭、其他非金属矿、金属矿和海盐
纳税人	在中华人民共和国领域及管辖海域开采《资源税暂行条例》规定的矿产品或生产盐的单位和个人
税收优惠	一些特殊的免税、减税政策，如开采原油过程中用于加热、修井的原油免税，开采或生产应税产品过程中因意外事故或自然灾害等原因遭受重大损失的，由当地人民政府酌情决定减税或免税等
税率	采用比例税率和定额税率，不同的税目对应不同的税率，且大部分都采用幅度税率，具体税率参照《资源税税目税率幅度表》
应纳税额	应纳税额＝应税产品的销售额 × 适用的比例税率 应纳税额＝应税产品的销售数量 × 适用的定额税率
纳税义务发生时间	应税产品销售或自用时，不同销售方式的纳税义务发生时间不同
纳税地点	应税产品的开采地或盐生产所在地
纳税期限	1 日、3 日、5 日、10 日、15 日或 1 个月，以 1 个月为纳税期的，从期满之日起 10 日内申报纳税；以 1 日、3 日、5 日、10 日或 15 日为一个纳税期的，从期满之日起 5 日内预缴税款，次月 1 日起 10 日内申报纳税

17. 烟叶税

烟叶税是一种行为税，以纳税人实际支付的收购烟叶的价款总额为计税依据来征缴。该税的具体情况如表 10-18 所示。

表 10-18　烟叶税的知识要点

要点	说明
一般征收范围	晾晒烟叶、烤烟叶
纳税人	有权收购烟叶的烟草公司或受其委托收购烟叶的单位
税率	20%
应纳税额	应纳税额 = 价款总额 × 税率 = 收购价款 ×（1+10%）× 税率 注：10% 是统一规定的烟叶收购价外补贴
纳税义务发生时间	纳税人收购烟叶的当天，具体为纳税人向烟叶销售者付清收购烟叶款项或开具收购烟叶凭证的当天
纳税地点	烟叶收购地
纳税期限	按月计征，在纳税义务发生月终了之日起 15 日内申报纳税

18. 船舶吨税

船舶吨税是一种行为税，以船舶净吨位为计税依据来征缴，具体情况如表 10-19 所示。

表 10-19　船舶吨税的知识要点

要点	说明
一般征收范围	从中华人民共和国境外港口进入境内港口的船舶
纳税人	应税船舶的负责人
税率	采用定额税率，按照船舶净吨位的大小分 4 个档次，且每个档次又分 30 日、90 日和 1 年这 3 种执照期限，同时还有普通税率和优惠税率之分。比如，净吨位不超过 2 000 吨的，普通税率下，1 年税率为 12.6 元 / 净吨，90 日税率为 4.2 元 / 净吨，30 日税率为 2.1 元 / 净吨；优惠税率下，分别是 9 元、3 元和 1.5 元

续表

要点	说明
税收优惠	一些特殊的免征政策，如应纳税额在人民币 50 元以下的船舶，非机动船舶，捕捞、养殖渔船以及警用船舶等
应纳税额	应纳税额＝应税船舶净吨位 × 适用税率
纳税义务发生时间	应税船舶进入境内港口的当天
纳税地点	海关
纳税期限	从海关填发吨税缴款凭证之日起 15 日内申缴税款

细说税务筹划

税务筹划就是指企业利用合法、合理手段减少企业应缴纳税款的各项活动的总称。它的目的是减轻企业的税收负担，促使企业更好地利用和配置自身拥有的各种资源，提高资金使用效率和其他各种能力。

要准确地认识税务筹划，先要从税务筹划的误区入手，了解哪些税务筹划手段是不可取的，然后再了解税务筹划的切入点和其他需要掌握的内容，这样才能引导企业做好税务筹划工作。

1. 税务筹划的误区

对于税务筹划，很多人的认知并不准确，主要表现在以下几点。

◆ 以为税务筹划就是要减轻企业的税负，其实延迟缴纳税款也是税务筹划的一种手段。

◆ 以为只要能减少企业应缴纳的税款就是做好了税务筹划，其实
不合法、不合理的减少税款手段属于偷税、漏税，是违法行为。

◆ 以为只要用好了税收优惠政策就是做好了税务筹划工作，其实
税务筹划要在充分利用税收优惠政策的基础上再为企业争取一
些合法、合理的利益。

2. 税务筹划的切入点

所谓切入点，就是突破口，即企业可以从哪些方面入手实施税务筹划。
常见的税务筹划切入点有如图 10-1 所示的一些。

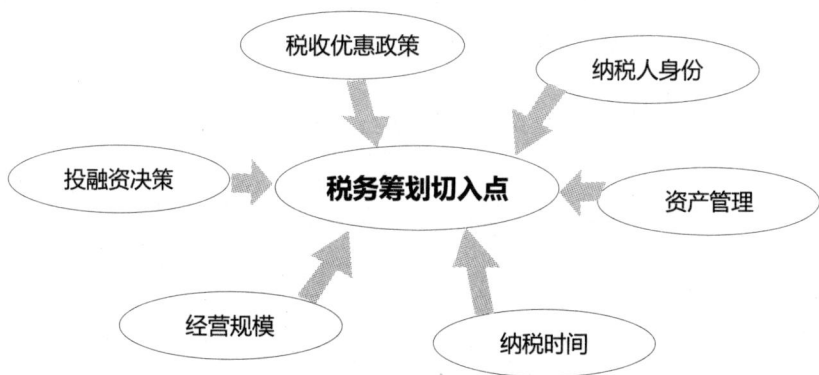

图 10-1　税务筹划的切入点

第一，企业可通过充分利用各税种的税收优惠政策来减少应缴纳的
税款；第二，纳税人选择认定为一般纳税人和小规模纳税人，会适用不
同的缴税税率；第三，企业通过管理资产，调节资产的累计折旧额，从
而影响企业的税基，达到税务筹划的目的；第四，企业可合法、合理地
延迟缴税时间，赚取货币的时间价值，弥补税款支出；第五，企业发展
规模会影响其在部分税种中对应的缴税税率，适当的经营规模可降低缴
税税率，达到筹划目的；第六，企业老板在内的管理层做出投融资决策
要慎重，除了考虑投资回报率、融资成本率以外，还要考虑企业可能应
缴纳的税款，适当的投融资决策可降低应纳税款额度。

3. 税务筹划的目标

由于税务筹划要达到的最终目的是减轻企业的税负，而税负具体受税基、税率和缴纳期限等影响，因此，税务筹划的目标就是要缩小税基、降低税率和拖延缴纳时间。

◆ **缩小税基**：即减少应纳税所得额、应税金额和应税数量，具体表现在减少企业的利润、计税价款、计税面积和计税数量等。

◆ **降低税率**：主要是使企业使用较低税率，如选择符合税收优惠政策的经营范围或项目以及经营地区等。

◆ **拖延缴纳时间**：主要是通过合法、合理手段延缓税费的缴纳时间，如办事人员确实不在岗或者企业当前确实无力支付税款等。

4. 税务筹划的方法

企业在实施税务筹划时，显然需要掌握一定的筹划方法，这样才可提高筹划效率和效益，使筹划工作能达到预期目标。常见筹划方法如表10-20所示。

表10-20 税务筹划方法

方法	说明
直接利用优惠政策	从源头控制企业缴纳税种的范围和纳税的税率
利用分劈技术	将应缴纳税费的相关所得、收入或价款等，分劈成两个或两个以上的部分，减小税基的同时，降低对应的税率
利用扣除项目	企业发生的很多成本、费用都可在计算应交税费前进行扣除，即这些扣除项目不需要缴纳相关税费
增加递延项目和延缓缴纳时间	增加递延项目和延缓缴纳时间的实质是一样的，都考虑了货币的时间价值，通过延迟缴税来获取这部分税款的时间价值，从而用来弥补税费支出
固定资产折旧筹划	由于固定资产折旧额可在计算企业的应纳税所得额时进行扣除，即折旧部分不缴纳企业所得税，因此可利用加速折旧方法提高固定资产前期折旧额，减少利润，少缴税款

除了上表中提及的常见税务筹划方法外，实务中还会有一些具体的筹划方法，这需要企业老板和企业财会人员共同努力，积极寻找。

税收的违法责任和处罚

企业作为税务管理的相对人，即纳税人或扣缴义务人，在进行税务管理时，稍有不慎，就可能做出税收违法行为，当然必须承担相应的法律责任和处罚。为了帮助企业或相关责任人不陷入法律风险中，下面详细介绍一些常见税收违法责任和对应的处罚规定。

1. 纳税人有下列行为之一的，由税务机关责令限期改正，可处 2 000 元以下的罚款；情节严重的，处 2 000 元以上 1 万元以下的罚款。

◆ 未按照规定设置、保管账簿或保管记账凭证和有关资料的。

◆ 未按照规定将财务、会计制度或财务、会计处理办法和会计核算软件报送税务机关备查的。

◆ 未按照规定将其全部银行账号向税务机关报告的。

◆ 未按照规定安装、使用税控装置，或者损毁或擅自改动税控装置的。

2. 扣缴义务人未按照规定设置、保管代扣代缴、代收代缴税款账簿或代扣代缴、代收代缴税款记账凭证及有关资料的，由税务机关责令限期改正，可处 2 000 元以下的罚款；情节严重的，可处 2 000 元以上 5 000 元以下的罚款。

3. 纳税人未按照规定的期限办理纳税申报和报送纳税资料的，或扣缴义务人未按照规定的期限向税务机关报送代扣代缴、代收代缴税款报告表和有关资料的，由税务机关责令限期改正，可处 2 000 元以下的罚款；情节严重的，可处 2 000 元以上 1 万元以下的罚款。

4. 非法印制发票的，由税务机关销毁非法印制的发票，没收违法所得和作案工具，并处 1 万元以上 5 万元以下的罚款；构成犯罪的，依法追究刑事责任。

5. 纳税人、扣缴义务人在规定期限内不缴或少缴应纳或应解缴的税款，经税务机关责令限期缴纳，逾期仍未缴纳的，税务机关除按照《中华人民共和国税收征收管理法》的相关规定采取强制执行措施追缴其不缴或少缴的税款外，还可处不缴或少缴税款 50% 以上 5 倍以下的罚款。

6. 纳税人伪造、变造、隐匿、擅自销毁账簿、记账凭证，或在账簿上多列支出或不列、少列收入，或经税务机关通知申报而拒不申报或进行虚假纳税申报，从而不缴或少缴应纳税款的，是偷税行为，由税务机关追缴其不缴或少缴的税款、滞纳金，并处不缴或少缴税款 50% 以上 5 倍以下的罚款；构成犯罪的，依法追究刑事责任。

7. 以假报出口或其他欺骗手段，骗取国家出口退税款的，由税务机关追缴其骗取的退税款，并处骗取税款的 1 倍以上 5 倍以下的罚款；构成犯罪的，依法追究刑事责任。

8. 扣缴义务人应扣未扣、应收而不收税款的，由税务机关向纳税人追缴税款，对扣缴义务人处应扣未扣、应收未收税款 50% 以上 3 倍以下的罚款。

9. 纳税人、扣缴义务人逃避、拒绝或以其他方式阻挠税务机关检查的，由税务机关责令改正，可处 1 万元以下的罚款；情节严重的，处 1 万元以上 5 万元以下的罚款。

10. 纳税人、扣缴义务人变造虚假计税依据的，由税务机关责令限期改正，并处 5 万元以下的罚款。

11. 以暴力、威胁方法拒不缴纳税款的，是抗税行为，除由税务机关追缴其拒缴的税款和滞纳金外，并处拒缴税款的 1 倍以上 5 倍以下的罚款；构成犯罪的，依法追究刑事责任等。

企业常见的税务风险

对企业老板来说，从大方向上了解企业存在的税务风险，主要有如下两方面。

◆ 企业的纳税行为不符合税收法律法规的规定，发生应纳税而未纳税或少纳税的情况，从而面临补税、罚款、加收滞纳金、刑罚处罚以及声誉受损等风险。

◆ 企业没有选择合适的或正确的税法来指导经营行为，没有用好税收优惠政策，导致多缴纳了税款，承担了不必要的税收负担。

针对这两方面税务风险，下面介绍一些具体的税务风险点，如表10-21 所示。

表 10-21 常见的税务风险点

风险点	解释
私费报销未缴个人所得税	企业所有者或股东个人产生的费用，向企业申请报销。这种情况本应视为分红，且企业要为所有者或股东代扣代缴个人所得税。如果企业未将该行为视为分红，则就容易忽略个人所得税的代扣代缴工作，使企业陷入税务风险
销售时不开发票和采购时向老板借钱	企业对外销售产品，客户不需要发票，企业可将这部分收入放入私囊，不记入账簿，等到企业需要用钱时以"向经营者借钱"的名义使用这些收入。这样不仅可以隐藏收入少缴税款，还可通过"借款"方式增加私人利息收入，损害企业利益

续表

风险点	解释
违规计提工会经费而少缴企业所得税	有些企业没有成立工会，但依旧在做账时计提了工会经费，按照规定，工会经费在规定的范围内准予在税前扣除，减少应纳税所得额。所以，违规计提工会经费会使企业少缴应缴的税款，陷入税务风险
虚开增值税发票	对于虚开发票的企业，可虚增收入，进而给外界一种拥有很强经营实力的感觉，便于进行贷款和其他经营活动；对于接受虚开发票的企业，可多抵扣增值税进项税额，减少应纳增值税税额。但这一行为是明显的违法行为，会使涉事财会人员和企业陷入税务风险
开具阴阳发票的涉税风险	阴阳发票就是发票的各联次记载金额不一致的发票，企业通过这样的手段来隐匿收入，进而少缴税款。但这种做法很容易被发现，因为客户的账目和企业自身的账目记录不一致，只要一对账，就会被查出问题，从而受到处罚，缴纳罚款，情节严重的，还可能负刑事责任
差旅费和业务招待费支出不正常	有些企业发生的差旅费和业务招待费等太少，明显与企业经营规模不符，究其原因，很可能是因为现金流不足而故意对这些费用进行不入账处理，这样可反向体现企业的经营能力还在正常范围，但这是很明显的欺骗行为，一旦被税务机关发现，就会受到相应的处罚
未确认视同销售行为而隐匿收入	企业发生的一些捐赠、发福利和投资等活动，本应确认为视同销售行为，进而确认收入并缴纳相应的税款。如果未按规定将其视为销售行为，则变相地减少企业的收入，进而少缴税款，被税务机关查出会受到相关处罚
购买资产未取得发票而无法税前列支	企业购买一些大物件，如生产设备和计算机等固定资产，本应取得进项税发票，可按规定抵扣进项税额，减少企业应缴纳的增值税税额，同时计提折旧，在计算企业所得税前扣除。如果企业未取得发票，不仅不能抵扣增值税，而且这些资产无法入账，就无法计提折旧，更无法税前扣除，会使企业多缴纳企业所得税，增加税收负担

除此以外，企业在经营过程中还会遇到其他一些税务风险，老板和员工们要时刻保持警惕，不断学习和掌握风险点，做好预防准备。

读 者 意 见 反 馈 表

亲爱的读者：

感谢您对中国铁道出版社有限公司的支持，您的建议是我们不断改进工作的信息来源，您的需求是我们不断开拓创新的基础。为了更好地服务读者，出版更多的精品图书，希望您能在百忙之中抽出时间填写这份意见反馈表发给我们。随书纸制表格请在填好后剪下寄到：北京市西城区右安门西街8号中国铁道出版社有限公司大众出版中心 张亚慧 收（邮编：100054）。或者采用传真（010-63549458）方式发送。此外，读者也可以直接通过电子邮件把意见反馈给我们，E-mail地址是：lampard@vip.163.com。我们将选出意见中肯的热心读者，赠送本社的其他图书作为奖励。同时，我们将充分考虑您的意见和建议，并尽可能地给您满意的答复。谢谢！

所购书名：_____

个人资料：

姓名：_____ 性别：_____ 年龄：_____ 文化程度：_____

职业：_____ 电话：_____ E-mail：_____

通信地址：_____ 邮编：_____

您是如何得知本书的：

□书店宣传 □网络宣传 □展会促销 □出版社图书目录 □老师指定 □杂志、报纸等的介绍 □别人推荐
□其他（请指明）_____

您从何处得到本书的：

□书店 □邮购 □商场、超市等卖场 □图书销售的网站 □培训学校 □其他

影响您购买本书的因素（可多选）：

□内容实用 □价格合理 □装帧设计精美 □带多媒体教学光盘 □优惠促销 □书评广告 □出版社知名度
□作者名气 □工作、生活和学习的需要 □其他

您对本书封面设计的满意程度：

□很满意 □比较满意 □一般 □不满意 □改进建议

您对本书的总体满意程度：

从文字的角度 □很满意 □比较满意 □一般 □不满意
从技术的角度 □很满意 □比较满意 □一般 □不满意

您希望书中图的比例是多少：

□少量的图片辅以大量的文字 □图文比例相当 □大量的图片辅以少量的文字

您希望本书的定价是多少：

本书最令您满意的是：

1.

2.

您在使用本书时遇到哪些困难：

1.

2.

您希望本书在哪些方面进行改进：

1.

2.

您需要购买哪些方面的图书？对我社现有图书有什么好的建议？

您更喜欢阅读哪些类型和层次的理财类书籍（可多选）？

□入门类 □精通类 □综合类 □问答类 □图解类 □查询手册类

您在学习计算机的过程中有什么困难？

您的其他要求：